デジタルで変わる

マーケティング
基礎

宣伝会議編集部 編

デジタルで変わる

マーケティング基礎

| 巻頭言 | デジタル時代に変わる
マーケティングとクリエイティブの役割 |

月刊『宣伝会議』の創刊は1954年。以来、『宣伝会議』が見つめ続けてきた日本企業のマーケティング、宣伝・広告活動の60年を超える歴史の中で、インターネットの登場、浸透ほど、消費行動を変え、企業のマーケティングに変化を強いたものはありません。

2000年前後から、企業のWebサイト開設が相次ぎました。当時はまだ、紙の会社案内、カタログをWebに転載する企業が主でした。その後、新しい"広告メディア"として「インターネット広告」「モバイル広告」が脚光を浴びました。中小規模の企業にとっても広告が身近なものになったのもこの頃です。単価の低いインターネット広告は、広告という手段を活用できる企業の裾野を広げていきました。

しかしながら、2008年頃になると、単に新しい広告メディアとしての位置付けでは、この潮流は捉えられないのではないか、という認識が広がります。結果、「デジタル」や「デジタルマーケティング」という概念が産業界に広がっていきました。

そして現在。IoT、人工知能など、デジタルテクノロジーの進化は一途を遂げ、デジタルを活用して、いかに今の時代に合った商品・サービスの価値をつくれるか、という非常に根源的な課題に多くの企業が直面しています。

インターネット、そしてデジタルテクノロジーが浸透する社会は、消費者の行動、そして価値観を劇的に変えました。これまで価値があると思われていたものが、急速にその魅力を失ってしまう状況も生まれています。

　マーケティングや宣伝・広告の理論、実務には、これまで多くの研究者、実務家の方々がつくり上げてきた根源的に変わらない概念があります。一方で、これほどまでに時代が劇的に変わった今、見直すべき「概念」「手法」もあります。

　「デジタル時代の仕事の基本」をテーマにした本シリーズは、時代が変わった今の「基本」を改めて、1冊の書籍にまとめることを狙いとしています。

　具体的には以下のような課題に対する解決策を提示してまいります。

● 既存の広告手段、メディアだけでは従来の効果が得られなくなっている。
● SNSが浸透し、消費者自身の発信量が増えたことで、ブランディング、ブランドマネジメントの方法論を変える必要が出ている。
● メディア、情報の量が爆発的に増えたことで、消費者のメディア接触が断片化し、自社の情報を届けづらくなっている。
● テクノロジーの進化のスピードが増したことで、商品のライフサイクルが極度に短命化している。

　デジタルテクノロジーの浸透だけでなく、少子高齢、人口減少、消費の成熟など、社会・産業構造の変化も、今日の企業マーケティングの大きな課題です。

本シリーズでは、「デジタルテクノロジーの活用で、現代の課題を解決する」こともコンセプトの一つに据えています。

　宣伝会議が60年以上に渡り、専門メディアの刊行、教育事業の基軸にしてきた、マーケティング、広告・宣伝、広報、販売促進、クリエイティブの各領域で、新しい「仕事の基本」として刊行してまいります。

株式会社宣伝会議
代表取締役会長　東　英弥

13　はじめに

デジタル時代のマーケティング担当者が守るべき10ヵ条

21　第1章

マーケティングとはなにか?

1-1　マーケティングの歴史と変化
1-2　マーケティングの進化と拡張
1-3　デジタルはマーケティングのなにを変えたか?
1-4　マーケティング担当者はなにをすべきか?
1-5　マーケティングにおけるサイエンスとアート
1-6　マーケティングにより企業や社会のあり方はどう変わるのか?
1-7　第1章のまとめ

35　第2章

マーケティングの企画と実行の 全体プロセスを知る

2-1　マーケティングの企画と実行の全体プロセスとは?
2-2　STPマーケティングのステップ
2-3　STPマーケティングとして見る「スタディサプリ」のストーリー
2-4　もう一つのストーリー
2-5　エフェクチュエーション
2-6　デジタル時代のマーケティングの企画と実行
2-7　第2章のまとめ

53　第3章

マーケティング・ミックスとはなにか?

3-1　マーケティング・ミックスとは?
3-2　4Pというフレームワーク
3-3　なぜ「四つのP」なのか?
3-4　デジタル空間に広がるマーケティング・ミックス
3-5　第3章のまとめ

69　第4章

マーケティング・リサーチ

4-1　マーケティング・リサーチとは?
4-2　マーケティング・リサーチの種類
4-3　マーケティング・プロセス(新製品をベースに)と
　　　マーケティング・リサーチ
4-4　意思決定の中に組み込まれたリサーチ
4-5　リサーチャーの心得
4-6　デジタルテクノロジーによる新しいリサーチの出現
4-7　第4章のまとめ

99　第5章

環境分析とターゲットの選定

5-1　環境分析とターゲット選定の目的
5-2　外部環境分析
5-3　内部環境分析(自社の強み弱み)
5-4　外部環境分析と内部環境分析の統合
　　　した具体的な戦略づくり
5-5　環境分析をする際、いつも心の中においておくこと
5-6　海外マーケティング
5-7　ヘアケア製品の日本での戦略立案の例
5-8　第5章のまとめ

129 第6章

ターゲットを深く理解する

6-1　ターゲットの理解とはなにか？
6-2　インサイトとはなにか？
6-3　なぜ、今、インサイトがより重要なのか？
6-4　インサイトはなにに使われるもの？
6-5　インサイトを発見する方法
6-6　インサイト力をつける
6-7　第6章のまとめ

149 第7章

ブランド戦略

7-1　ブランドとは何か？
7-2　第7章の全体像
7-3　ブランド構築
7-4　ブランド・アイデンティティ
7-5　ブランド・ビルディング・ブロック
7-6　ブランド価値
7-7　ブランド価値の高め方
7-8　価値共創
7-9　ブランド開発戦略
7-10　ブランドの拡張と収縮
7-11　ブランド・ポジショニング
7-12　第7章のまとめ

175 第8章

新製品開発

8-1　製品とは何か？
8-2　第8章の全体像
8-3　市場をつかむ
8-4　新製品開発プロセス
8-5　ケーススタディ〜GoPro〜
8-6　第8章のまとめ

195 第9章

価格戦略とチャネル戦略

9-1 価格戦略とチャネル戦略とは？
9-2 第9章の全体像
9-3 価格設定の方法
9-4 価格に関する情報収集の方法
9-5 価格戦略
9-6 チャネルの概要
9-7 チャネル戦略
9-8 第9章のまとめ

217 第10章

コミュニケーション戦略

10-1 コミュニケーション戦略とは？
10-2 第10章の全体像
10-3 購買決定プロセス
10-4 コミュニケーション・ミックス
10-5 広告
10-6 パブリック・リレーションズ
10-7 販売促進
10-8 クチコミ
10-9 第10章のまとめ

237 第11章

ショッパー・マーケティング

11-1 ショッパー・マーケティングとは？
11-2 第11章の全体像
11-3 ショッパーとは
11-4 ショッパーの行動観察
11-5 店頭施策
11-6 購買データの活用方法
11-7 第11章のまとめ

259　第12章

マーケティングの効果を検証する

12-1　マーケティングの効果検証とは？
12-2　第12章の全体像
12-3　マーケティングの目的の確認
12-4　ブランド認知の効果検証の方法
12-5　ブランドへの興味・関心の効果検証の方法
12-6　ブランドの商品・サービスの購入
12-7　マーケティング・オートメーションについて
12-8　マーケティングの投資分析について
12-9　ブランドへの継続的関与の効果測定
12-10　継続的な効果測定の勧め
12-11　過去に事例のない効果測定を考える場合
12-12　第12章のまとめ

283　おわりに

デジタルで新しいマーケティングを創造しよう

292　[引用・参考文献]
295　[執筆者一覧]

はじめに

デジタル時代のマーケティング担当者が守るべき10ヵ条

マーケティングの成り立ち

20世紀初頭、アメリカではじめて"マーケティング"という言葉が誕生しました。アメリカでマーケティングという考え方が生まれた背景には、産業革命後の物流が生み出した一大市場とその変化があります。

18世紀半ばから19世紀にかけて起きた産業革命のあと、広大なアメリカ大陸に鉄道などの物流網が敷かれました。物流は大量生産・大量消費の一大市場をもたらし、それに伴い、商品をいかに効率よく、大量に、速やかに、廉価に供給するかを考えるロジスティックスが発達します。

やがて、市場が成熟し、供給が過剰になると、さらなる需要の創造や販売拡大を目的とした戦略が必要とされました。そして、いかに市場を分析し、選択し、どう対応するかという、現代のマーケティングにつながる基本的概念が構築されるようになったのです。

そして現在では、マーケティングの基本である4P・4C※1のマーケティング・ミックスをはじめ、SWOT分析※2、STPアプローチ※3など、

※1　企業から見たマーケティングの要素「Product（製品戦略）」「Price（価格戦略）」「Place（流通戦略）」「Promotion（広告販促戦略）」)のこと、顧客側から見ると「Customer solution（顧客のかかえる問題の解決）」「Cost（費用や時間を含むコスト）」「Convenience（買いやすさが大切）」「Communication（情報伝達）」となる。
※2　組織や個人の「Strengths（強み）」「Weaknesses（弱み）」「Opportunities（機会）」「Threats（脅威）」の四つのカテゴリーを分析し、経営資源の最適活用をはかる戦略の方法。

13

はじめに

様々な手法が活用されています。市場の環境や生活者の変化に伴い、マーケティングはさらなる領域へと拡張し、進化し続けています。

現代のマーケティングを取り巻く状況変化において注目すべき点

それは、1）デジタルテクノロジーによるコミュニケーション環境の変化、2）顧客の解決すべき課題の個人的領域から社会的領域への拡張、3）顧客と企業の関係性と購買プロセスの変化、4）顧客の価値創造活動であるマーケティングの根本的本質に変化はない、という四点です。今後、マーケティングはさらにデジタル化します。デジタル化なしでマーケティングは語れず、近い将来には"デジタル・マーケティング"という概念はなくなるだろうと言われています。

1）デジタルテクノロジーによるコミュニケーション環境の変化

マーケティングは、マスコミュニケーションの手法から、セグメンテッド・マーケティング[4]へ進化し、のちにパーソナル・マーケティング[5]へと進化しています。

現在はデジタルを有効活用することにより、これらの手法は効率よく実施できるようになりました。それまでは商品やサービスの情報が、企業から消費者へ一方的に提供され、企業と消費者の持つ情報量は格差のある状態でした。しかし、デジタル化が進み、企業と消費

---

[3] フィリップ・コトラー博士が提唱したマーケティング戦略の基本的なフレームワーク。まず、市場を細分化（「Segmentation」セグメンテーション）し、次にその中からフォーカスすべきターゲットを選定（「Targeting」ターゲティング）し、そして、ターゲットとセグメントに対して、ベネフィットを宣言する（「Positioning」ポジショニング）。この頭文字をSTPという。
[4] 市場を細分化し、それぞれのセグメントに適したマーケティングを行うこと。
[5] 顧客一人ひとりに個別に対応したマーケティングを行うこと。

者の相互コミュニケーションが容易になり、消費者同士の情報交換もしやすく、企業やほかのステークホルダーとの関係性も対等になっています。その結果、情報の共有や伝達、交換が迅速に処理されることで、消費者と企業の物理的、時間的、精神的な距離感が大幅に縮小されました。

2）顧客の解決すべき課題の個人的領域から社会的領域への拡張

　顧客は単なる消費者から一生活者として存在することになりました。これは、単に物質的な欲求を満たす消費の時代は終わり、顧客は個人的な物欲で消費するだけでなく、自身のまわりの環境や社会を捉えた立場で消費するように変化したことを表しています。経済の発達により、消費者の関心は「大気汚染の軽減」や「資源の有効活用」など社会や環境を意識したものに移行し、商品やサービスに対する関心も機能的価値や情緒的価値だけでなく、社会的価値、精神的価値のあるものを求めるようになりました。

　その例に、キリンビバレッジの『ボルヴィック』は「1ℓ for 10ℓ」という社会的貢献を視野に入れたマーケティング戦略で、消費者の関心を集めました。これは「ボルヴィックの水を1ℓ買うと、アフリカの水に困っている人たちに10ℓの清潔な水が提供される」というもので、商品の売上増に成功しました。また、日本コカ・コーラの大ヒット商品『い・ろ・は・す』は、"エコ"や"環境"のキーワードを前面に打ち出し、最軽量化したペットボトルでCO_2削減を訴求しました。このように、特定の商品やサービスの購入が、環境保護や社会貢献に結びつくと訴求することで、販売促進、製品ブランドや企業のイメージアップを狙うマーケティングも多く見受けられるようになりました。

　企業はブランド価値を高めるために、そして、イノベーションを

15

生み出す社員やチームメンバーのモチベーションを高めるためにも、企業のビジョンやミッションをあらためて見直す必要に迫られています。しかし、企業の活動が、寄付や奉仕といったフィランソロピー（慈善活動）の域にとどまっていると、事業の目的を果たすべき活動を維持継続するのが難しくなります。そのため、マーケティングと一体化した事業戦略により、商品価値と社会的価値を融合させることで、企業の存在意義を確立し、その持続性を高めていくことが求められていくのです。

3）顧客と企業の関係性と購買プロセスの変化

デジタル化が進む現代では、企業と顧客のコミュニケーションが円滑になり、両者の物理的、時間的、精神的な距離感が大幅に縮小されています。マーケティングのデジタル化によって、PDCAサイクルは高速で回転するようになり、企業は顧客の意見をもとに商品開発することが容易になりました。企業と顧客が無意識のうちに一体となって価値を共創していくようになると、企業と顧客の絆は、より強く形成されるようになります。そのため、企業のブランディングの重要性は、さらに高まっていくでしょう。

また、顧客の購買プロセスも大きく変化しています。パーソナルコミュニケーションが進化すると、個々の生活環境でニーズが生まれるタイミングがそれぞれ異なることが明確になります。企業は個々に最適にカスタマイズされた価値を、適切なタイミングで素早く提供することが求められます。これは以前のマスマーケティングから、よりきめ細やかなセグメンテーションによる、ミクロ、或いはニッチなマーケティング・アプローチが必要であることを意味しています。

4）顧客の価値創造活動であるマーケティングの根本的本質に変化はない

　マーケティングの基本的本質は「顧客を知ること、顧客のニーズを知ること、そして、顧客のニーズを満たす価値を創造（共創）し、的確なメッセージを適切なタイミングで提供すること」にほかなりません。それは、一つの商品やサービスの表層的な価値にとどまらず、企業価値や事業の社会的意義が保証されることにつながります。

　デジタルテクノロジーの進化は、企業と顧客の関係性の構築や維持を促し、マーケティングに大きな影響をもたらしました。しかし、顧客の価値創造活動であるマーケティングの根本的本質に、変わりはありません。マーケティングにおけるデジタルの活用は、あくまでも手法であって、マーケティング本来の目的ではありません。デジタルの最新ツールを有効に活用するためにも、今一度、マーケティングの本質を確認し、身につけておく必要性が一層高まっています。

　これまでのデジタル・マーケティングは、情報伝達経路（メディア）や、商品の提供におけるデジタル化（インターネット化）を軸に考えられていました。現在は、ビッグデータの蓄積分析がマーケティングに応用されつつありますが、今後、生活者はすべてのものがインターネットにつながることで、デジタル自体を意識することがなくなるでしょう。ありとあらゆるものがインターネットに接続され、情報を相互に制御するIoT時代に突入すると、生活者は日常生活の中でまったくデジタルを意識しなくなるのです。

　人工知能制御によるIoT事業を運営するジグソーの坂本勝也氏は、「それはまさしく空気のような存在で"Digital Universe"と呼ばれる世界へ入っていくようになるだろう。マーケティング領域では、大量のデータを自動分析する人工知能ソフトウェアが行う『Auto

Sensor-ring & Auto Direction』のプロセスが入ってきます」（月刊『宣伝会議』2016年1月号）と話しています。ますます、消費者の購買行動は、大量のデータに裏付けされた瞬間、瞬間のコントロールされたものに進化していきます。一方で、購買行動は気持ちや思いがドライブをかけるものなので、そこには、より情緒的に気持ちを揺さぶるクリエイティビティが要求されます。

守るべきマーケティングの本質ポイント（10ヵ条）

デジタルテクノロジーを駆使することにより、スピーディかつ効率的、効果的なアプローチを実現するために、守るべきマーケティングの本質的なポイントを10ヵ条にまとめました。

---

① 狙うべき市場はどこなのかを明確化する。

② 顧客は誰なのかを定義し、インサイトを深く理解する。

③ 顧客の本質的ニーズ（顕在＆潜在）はなにかをつかむ。

④ 顧客のニーズを満たす価値（機能的、情緒的、精神的、社会的）ソリューションを創造する。

⑤ 価値を持つコンテンツ（商品、サービス）の競争力、独自性を見極める。

⑥ 競合対象、代替対象（同or異カテゴリーの商品、サービス）を確認する。

⑦ 最適な提供価値を適切なタイミング、方法で伝達する。

⑧ マーケティング全体のシナリオ、仮説を顧客視点で描く。

⑨ シナリオに基づいたKPI[6]を設定しPDCAを回す。

※6 KPI（Key Performance Indicators：重要業績評価指標）：目標達成の度合いを定義する補助となる計量基準群のこと。

⑩　顧客に寄り添い、人間的な思いやりや気配りを大切にして
　　アプローチする。

今の時代にマーケティングを学ぶ意義

　マーケティングがデジタル化する今、そして、顧客の問題意識や
欲求が、社会的な課題にまで及ぶ生活環境の今、マーケティングは
単なる商品販売活動にとどまらず、企業経営や事業戦略を視野に
含めた領域へと拡張しています。また、デジタルを有益に活用する
ためにも、あらためてマーケティングの本質、基本をしっかり理解
することが必要とされています。

　今後、マーケティングは事業の中核となり、企業の社会的価値の
創造へと導きます。それを実現するマーケターの役割は、企業の存
在価値を高め、事業の長期的存続を担う意義あるものとなっていく
のです。

監修：事業構想大学院大学 教授

野口恭平

19

第 1 章

マーケティングとは
なにか？

執筆：事業構想大学院大学 教授
野口恭平

1-1. マーケティングの歴史と変化

　1960年、アメリカの研究者であるエドモント・ジェローム・マッカーシーは「マーケティング4P」を提唱しました。以来、マーケティングはおよそ半世紀を経て、市場や生活者の変化に対応しながら、様々に進化してきました。

　アメリカ・マーケティング協会(AMA：American Marketing Association)のマーケティングの定義(2007年改訂)では、「マーケティングとは、顧客、依頼人、パートナー、社会全体にとって、価値のある提供物を創造・伝達・配達・交換するための活動であり、一連の制度、そしてプロセスである」とされています。

　米ノースウェスタン大学ケロッグ経営大学院の経営学者、フィリップ・コトラー教授は「マーケティングの目的は販売を不要にすることである」と定義しました。そのほかにもマーケティングをあらわす定義は数多くあり、時代によってそれは変化しています。しかし、いつの時代の定義にも共通する要素があります。それは、マーケティングとは「顧客・市場・社会における価値創造活動」であるということ。つまり、マーケティングの主役は企業ではなく、顧客であり、市場、社会であるということです。この要素は、デジタル化が大きな変化をもたらす現在において、あらためてマーケティングの本質的な意義として注目されていくでしょう。

1-2. マーケティングの進化と拡張

　フィリップ・コトラー教授は、マーケティングの変遷をマーケティング1.0から、2.0、3.0、そして、4.0への段階変化として唱えています。

マーケティング1.0

　1950年代、アメリカの技術革新により、生産コストを抑え、安価な製品をマスマーケットに普及させることが可能になりました。マーケティング1.0は、市場の物質的ニーズに応え、需要の創造を図る、すなわち、製品の機能的価値が主導したものです。

マーケティング2.0

　1980年代の情報化時代、STP（セグメンテーション、ターゲティング、ポジショニング）などの手法を用い、消費者のニーズを起点に差別化した商品やサービスが生まれました。マーケティング2.0は、消費者にとっての機能的、情緒的価値を提供する消費者志向のものです。

マーケティング3.0-4.0

　1990年代以降、インターネットの普及により、企業が価値を規定してきた時代から、消費者が価値を決める時代へと移行しました。それに伴い、企業は消費者の潜在ニーズを探る必要性が増し、その結果、多品種少量経済が台頭してきました。

　さらにソーシャルメディア時代を迎えると、消費者は個人の課題にとどまらず、社会的問題の解決といった精神的価値を重視するようになりました。マーケティング3.0は、消費者の価値主導で企業

の社会的価値に根ざしたものです。

　マーケティング3.0の概念から、CRM（Customer Relationship Management:顧客関係管理）やLTV（Life Time Value：顧客生涯価値）という考え方も生まれました。現在では、SNS(Social Networking Service)の普及により、企業は顧客一人ひとりと直接的なコミュニケーションが可能になっています。企業と顧客は、自然に一体となって、商品やサービスの価値を共創するようになりました。さらに顧客は、商品やサービスに物質的価値を超えた社会的価値、精神的価値を求めるようになり、企業が社会に対してどう貢献しているかを示すビジョンやミッションが、より一層重視されています。

　フィリップ・コトラー教授は、マーケティングの今後の進化として、消費者が享受する商品やサービスを利用し、その結果として得られる「自己実現」に価値を置いた、マーケティング4.0の段階に移行する、と提唱しています。

　いずれも市場や流通、また顧客の価値観や、それに伴う購買行動の変化に対応して、マーケティングの領域は変化を遂げています。しかし、マーケティングの主役が顧客であることは変わりません。むしろ「顧客が主役である」ということをもう一度よく考えることが、デジタルによって大きく変化する現代のマーケティングに必要です。

　ダートマス大学のケビン・レーン・ケラー教授は「顧客ベースのブランド・エクイティ・モデル」を提唱しました。マーケティング活動に対する消費者の反応に、彼らのブランド知識が及ぼす差別化効果への注目も高まっています。これも顧客が単に商品の物質的な価値を求めていた時代から、商品のみならず、提供する企業の理念や行動までにも差別化を認識し、購買行動につながる部分に焦点が当たってきたことに影響されています。

さらに、マーケティング3.0の流れに呼応するように、ハーバード大学経営大学院のマイケル・ポーター教授はCSV（Creating Shared Value:共通価値の創造）※1を提唱し、今後のマーケティング活動は、経済活動を生み出すと同時に、社会的価値も生み出していくことで企業の事業活動の持続性を確保する、とマーケティングの発想が事業活動までをも規定する時代になることを示唆しています。ここにも、市場における顧客の購買行動を重視するポイントが変化していることが見て取れます。

1-3. デジタルはマーケティングのなにを変えたか？

　デジタルテクノロジーは、一人ひとりの顧客に対して、適切な情報を届けることを可能にしました。そのため、ターゲットを集団として捉えてアプローチするのではなく、顧客を明確化し、ピンポイントで狙っていくマーケティングが求められています。
　パーソナルコミュニケーションが進化するにつれ、各々の生活環境でニーズが生まれるタイミングがそれぞれ異なると同時に、個々に最適にカスタマイズされた価値を、適切なタイミングで、素早く提供することが望まれます。つまり、以前のマスマーケティングから、よりきめ細やかなセグメンテーションによるミクロ、或いはニッチなマーケティング・アプローチが必要になります。
　一方で、「潜在顧客へのフォーカス」に関しても、ターゲットのライフスタイル別に、高い精度でセグメンテーションすることが、デジ

※1　アメリカの経済学者マイケル・E・ポーターが提唱した経営戦略のフレームワーク。企業の経済利益活動と社会的活動の創出（＝社会課題の解決）を両立させること、及びそのための経営戦略を指す。

タルによって可能になりました。これまでのマーケティングでも重要である、「ターゲットにフォーカスしていく概念」は変わることなく、その精度とスピード性が高まったといえます。

　近年は、マーケティングを実践するための知識や情報が増え、その取り組み自体も複雑化して、実施するスピードも速くなっています。こういう時代だからこそ、デジタルに偏った思考ではなく、マーケティングの基本を踏まえた全体の戦略設計を行わないと、ポイントを逃してしまうことになりかねません。基礎的なマーケティング理論をおろそかにしては、かえって効率が悪化しかねない、ということになるのです。

　デジタル化によって、マーケティングのコストは大幅に削減されました。そのため、B to B企業や中小企業でもマーケティングが実行しやすくなり、すでに効果的なマーケティング活動に取り組み始めています。しかし、多くの企業がマーケティングに取り組むということは、マーケティングを軸とした競争環境が、今まで以上に厳しくなってきたと言えます。

　つまり、今までマーケティングに注力せずにいた企業にとっても、今後は、マーケティング力の差が事業にダイレクトに影響することになります。デジタルの追求により、B to Bの先にある、B to B to Cのバリューチェーンが見えるようになることで、一層C（カスタマー）へのマーケティング・アプローチの重要性が高まり、その効果が問われます。

1-4. マーケティング担当者はなにをすべきか?

　現在では、デジタルを活用して、顧客の行動をデータとして蓄積し、分析することが可能になりました。これにより、KPIを明確にすることができます。さらに、データサイエンスの発達により、膨大なデータを瞬時に分析し、購買行動や生活行動を素早く把握することも可能になっています。また、スマートフォンなどのデジタルメディアを通して、インタラクティブな情報交換、共有が行われています。

　ただし、膨大な情報データをどのように分析するか、どう読み取り解釈するか、どのように戦略に落とし込むか、を的確に行うためには、マーケティングの基本をしっかり理解していなければなりません。基本を理解したうえで、マーケティング戦略の仮説を描く必要があります。

　下記に「マーケティング担当者に必須のポイント」を五つまとめました。

1) マーケティングのシナリオ設計力、仮説構想力を身につける

　マーケティングの本質である「顧客は誰なのか、どんな価値を届けることが目的なのか、その価値は市場競争力があるのか」を踏まえたうえで、顧客満足度を高めるための「マーケティング・コンセプトの構築と実現」が求められます。そもそも、デジタルテクノロジーは部分最適ではなく、全体最適に使うべきものです。デジタルテクノロジーは、細分化されたマーケティング・アプローチの仕掛けとして部分最適のために使うものだと思われがちですが、そうではありません。マーケティング全体を通して、商品企画から販売、情報

伝達などすべてにおいてデジタルを活用する全体最適の着想が有効です。

2)「顧客視点、顧客中心」かつ「顧客と共創」のスタンスで

　これまで以上に、顧客視点でのマーケットイン発想の追求が重要です。顧客は、自主的に商品やサービスの情報を集め、購入後もその情報を発信しています。マーケターは、ターゲットは誰で、どこでなにをしているか、なにに関心があり、どんな課題を持っているかを速やかに読み取らなければなりません。顧客に最適な価値を、適切なタイミングで創出できるように、ターゲットを見極める力が必要とされます。

　デジタルは、メディアのあり方を大きく変えました。現在では、情報の伝え方も複雑化しています。企業は、顧客に情報を届けるために、あらためて「人間らしい思いやりと気配り」を配慮する必要があります。顧客の気持ちに寄り添い、丁寧にアプローチすることが大切です。購買行動の分析データだけでは読み取れない、顧客行動の裏にあるより深い潜在意識を探っていく必要があります。

　そのためには、顧客のプロファイルやインサイトを読み解き、企画化する技術や能力が必要です。それをベースにしたカスタマー・ジャーニー[2]の考え方に則り、マーケティング戦略の設計を行います。

---

[2]　顧客がどのように商品やブランドとの接点を持って認知し、関心を持ち、購入や登録に至るのか、というプロセスを旅に例えた言葉。カスタマー・ジャーニーを可視化して分析することでマーケティング活動の最適化をはかることが重要とされている。

3）顧客の心をつかむ、シンプルで大胆なアイデアを創出

　デジタルテクノロジーの導入により、マーケティングの施策結果が、瞬時に、かつ詳細に把握できるようになりました。これにより、マーケティングの効率化、最適化が進み、PDCAを高速で回すことができるようになります。さらに、売上結果に結びつく購買情報とマーケティング情報がつながり、その因果関係は明確になります。これは、マーケティング・メカニズムの可視化が実現したとも言えます。

　マーケティング活動全体が、データとして把握できるようになると、つい部分最適を求めてしまいがちです。そうすると、アイデアに大胆さがなく、平凡な施策になるリスクがあります。マーケティング結果が予測しやすく、デジタル情報に裏付けされた説明しやすいアイデアのほうが、企画も通しやすくなるのは間違いありません。しかし、顧客はあくまで人間なので、意思決定の大きな要素である情緒的なインパクトを与えることも、マーケティング戦略の成功に不可欠です。そのため、イノベイティブで競争力のある価値を生み出せる大胆なアイデアが求められるのです。さらに、顧客に効率よく情報を届けるためには、そのアイデアは、簡素でシンプルであることも必要です。

　近年は、サイエンスとしてのマーケティングが優勢ですが、一方で、アートとしてのマーケティングも強化する必要があるでしょう。計算しつくされたマーケティング施策では、顧客のブランド体験をドラマチックに演出することはできません。ECサイトで個別にカスタマイズされたおすすめ商品を提示された時、まさに自分が欲しいものであったとしても、ネット上ですべての行動を見透かされているようで、不気味に感じることもあるでしょう。そのような状況を打破するような、心をゆさぶるストーリーを生み出すクリエイティビティが必要とされます。

第1章 マーケティングとはなにか?

4）仮説構想力を磨き、PDCAを高速で回すマネジメント力を鍛える

　マーケティング施策の初期段階では、顧客の行動を完全に読みきることができません。そのため、顧客との関係（接点）を数多く設定しながら、有効と思われるコミュニケーションの仮説を構築するマーケティング・シナリオが求められます。

　その際、マーケティング施策の成否を判断するKPIを設定する必要がありますが、デジタルによってこれらのKPIを具体的に設定することが可能になりました。

　たとえば、ショールーム導引戦略のためのKPIも、デジタルを活用することで正確に設定できるようになりました。企業はデジタルを通じた事前のコミュニケーションによって、ショールームに訪れる顧客の購買履歴や行動性向、生活価値観といった情報を事前に把握することができます。ショールーム導引戦略の仮説結果も、デジタルによって詳細に検証することが可能です。

　マーケターは、マーケティング仮説をより具体化することが必要であるとともに、その結果を左右するPDCAをマネジメントする力が求められます。また、PDCAを高速で回す過程で見つかる新たなマーケティング機会を見逃さずに、それを起点とした仮説シナリオを即座に構築する力も求められることになるのです。現在、デジタルを活用したPDCAは、マーケティング領域だけでなく、顧客のニーズを瞬時に取り込みながら行う商品開発にも応用されています。

5）マーケティング起点の発想を組織に浸透させるアンバサダーとして機能する

　マーケティング活動は、単に一商品の機能的な魅力を取り上げ、

それを表層的なコミュニケーションで伝えれば完結するというものではありません。顧客のニーズを早期に（あるいは同時に）商品企画に反映し、そこにサービスにおける価値も組み込んでいくマーケティング発想が求められます。

　たとえば、顧客は商品のアフターサービスに価値を見出すことがあります。注文したら即日または翌日に届くから、という理由で購入することもよくあるでしょう。また、ドローンを利用して速やかに商品を届ける流通の演出も、顧客ニーズを満たす価値の一つです。このように、顧客の価値は、商品単体で提供できる枠を超えています。
　いまやアフターサービスや流通改革とセットで、顧客に価値を提供するトータルな考え方が必要になってきています。このようなことは、販売促進や広告宣伝、マーケティングの部署だけで実現できることではありません。マーケティングは、企業や組織全体のマインドとして浸透させなければなりません。マーケターは、組織を巻き込み、企業全体をマーケティング発想で動かしていくアンバサダーという存在にならなければなりません。

　顧客のニーズも個人的な欲求から、社会課題の解決欲求に進化しつつあります。マーケティングの課題も、より一層、企業活動における社会性が問われています。そのため、企業や事業活動の社会的価値との一貫性、整合性が求められつつあります。まさに、それは経営自体のマーケティング化を意味しているのです。マーケティングは、そもそも顧客や社会に対して価値を創造していく活動であると考えると、今後は「企業経営＝マネジメント」という発想から、「企業経営＝マーケティング」という発想へ変わっていく可能性も十分に考えられます。

第1章 マーケティングとはなにか?

1-5. マーケティングにおけるサイエンスとアート

　次々と開発されるデジタルツールや、それによって生まれるマーケティング・アプローチの概念は、「サイエンスとしてのマーケティング」の精度を一層高めています。これまで、「マーケティングはサイエンスであると共にアートである」と言いながら、サイエンスで把握しきれない部分を「アート＝クリエイティブ」と解釈し、クリエイターの経験値や直感力が必要な領域として切り離していました。

　これからは、このアートの部分ですらサイエンスで把握できるようになるでしょう。しかし、どれほどサイエンス領域が発達しても、顧客との接点には、なにかしらの"表現"のアプローチが必要になります。マーケティングとは、単なる商品の取引にとどまらず、「人々になんらかの働きかけをすることで好ましい行動を起こさせる仕組みづくり」であるとすれば、人の心を動かすのはサイエンスではなく、やはり、アートの領域であることは間違いありません。

1-6. マーケティングにより企業や社会のあり方はどう変わるのか?

　これからのマーケティング活動は、企業と消費者が対等な関係を結びます。消費者は、さらに別の消費者とつながることで、情報やノウハウを交換し、企業に対する影響力を強めています。その精度や品質、革新性を高め合うことにより、企業と消費者の壁はますます無くなっていきます。

　先進国の消費者は物質的に満たされるに従い、環境や社会に対

する関心が強くなり、社会的・精神的な欲求が高くなっています。マズローの欲求五段階は「ニーズの根本にあるのは人間の欲求で、人間が求める欲求には順序がある」として、①生理的欲求、②安全欲求、③社会的欲求、④自己尊重欲求、⑤自己実現欲求の五つを示しています。

　そう考えると、物質的に満たされた消費者が、社会的欲求を満たそうというニーズに移るのは自然な流れです。これからは、社会的な動きを促進するソーシャル・マーケティングや、組織のモチベーションを高めるインターナル・マーケティングなど、人が関わるすべての領域でマーケティング的な考え方が適用されていくでしょう。

　今後は、IoT(Internet of Things：モノをつなぐインターネット)やAI（Artificial Intelligence：人工知能）のデジタルテクノロジーを活用し、インタラクティブなメディア環境で、情報やアイデアを瞬時にコントロールして、マネージする世界へ移行します。情報過多の現代で、企業のマーケティングの巧妙さ（特にコミュニケーションにおいて）に嫌気をさす消費者も生まれるでしょう。

　これからは、シンプルに、かつストレートに、そして、クリエイティブなアプローチで価値を提供することが重要です。また、そのような消費者の不信感を払拭するためにも、再度、企業の活動や提供する価値の見直し、商品やサービスの企画からコミュニケーション、販売、アフターサービスといったマーケティング・サイクルにおける一貫性を担保することが求められます。

1-7. 第1章のまとめ

　マーケティングの重要性、必要性があらためて注目される理由は以下の二つです。

□マーケティングが企業経営をドライブする役割になる。
□マーケティングに関わるスキルやマインドが事業を左右する。

　これまでマーケティングは、マーケターやマーケティング部門だけの業務でした。現在では経営に携わる人、組織の中核に関わる人にも、マーケティングのスキルやマインドが求められます。企業は、マーケティングを事業の中核に位置づけ、すべてのセクションの活動をマネジメントすることになります。今後は、すべての社員がマーケター化し、企業はマーケティングを実践していくことで、社会や市場に対して価値を提供することが存在意義になります。

　マーケティングの複雑さが増す現代では、マーケティングの本質を理解し、顧客に正しくアプローチするスキルやマインドが、事業に大きな影響を及ぼします。デジタルテクノロジーを駆使した施策に精通したとしても、それらは手法であって、目的ではありません。現代の新しい環境下で、デジタルの最新ツールを有効に活用するためにも、今一度、目的達成に向けたマーケティングの本質を再確認し、身につけておく必要性が高まっています。

<了>

第 **2** 章

マーケティングの
企画と実行の全体
プロセスを知る

執筆：神戸大学大学院経営学研究科 教授
　　　栗木契

第2章　マーケティングの企画と実行の全体プロセスを知る

2-1. マーケティングの企画と実行の全体プロセスとは？

　マーケティングは、幅広い企業活動の領域をカバーする概念です。最も基本となるのは商品企画及びその市場導入ですが、たとえば、社運をかけた新業態の開発、長年の基礎研究から生まれた新技術の市場導入、あるいは新たな電子決済システムの消費者への提供など、幅広い重要な企業活動とマーケティングは密接な関わりをもちます。マーケティングの活動は、これにとどまりません。Webでの情報提供と連動した営業や店舗のマネジメント、あるいはユニークな広告表現やキャンペーンによる話題喚起など、多くの企業が様々なところで、多種多様なマーケティングに関わる活動を展開しています。近年では、病院や学校、自治体などのNPOでも、マーケティングの実践に取り組む組織が増えています。

　具体的な活動の領域が異なれば、企画と実行のプロセスには違いが生じます。いや、それだけではなく、産業や商品の特性によっても、あるいは企業や組織の歩んできた歴史や経緯によっても、このプロセスに求められる行動原則は異なったものとなります。

　しかし、これらの多様な取り組みがマーケティングと総称されるのは、その企画や実行に「組織の対市場活動」という共通点があるからです。本章では、このマーケティングとしての共通性を前提に、そこでの企画と実行を導く行動原則を検討していきます。

36

第2章のポイント

- □ STPマーケティングは、標準的なマーケティングの企画と実行のプロセスである。
- □ STPマーケティングは、マーケティングの企画と実行を、「マーケティング機会の分析」→「セグメンテーション」→「ターゲティング」→「ポジショニングの設定」→「マーケティング・プログラムの立案」→「実行とコントロール」というステップで組み立てる。
- □ STPマーケティングによる企画と実行の限界は、市場における予測困難性によって引き起こされる。この限界を補うのが、エフェクチュエーション（戦略的直感）の行動原則である。
- □ デジタル時代のマーケティングの企画と実行では、予測可能な領域と予測不可能な領域に対する複線的な思考と行動の重要性が一段と高まっている。

2-2. STPマーケティングのステップ

　マーケティング論の世界的権威として知られるフィリップ・コトラーが提示した「マーケティング・プロセス」は、マーケティングの標準的な企画と実行のプロセスとして、国内外に広く浸透しています。

　「マーケティング・プロセス」は、マーケティングの企画と実行の手順を、(図表2−①) のように定式化します。この手順では、「セグメンテーション（Segmentation）」「ターゲティング（Targeting）」「ポジショニング（Positioning）」が、全体の要となっています。そのため、このプロセスは、「STPマーケティング」と呼ばれます。

<u>STPマーケティングのステップ</u>　　　　　　　　　　（図表2−①）

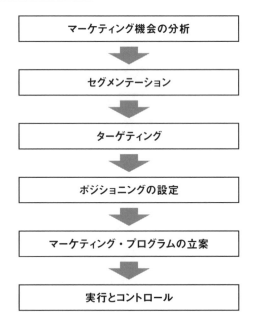

出典：著者作成

「STPマーケティング」の各ステップの詳細については、他の章でデジタル時代の新動向なども踏まえながら説明していきます。本章の役割は、それに先立ち、各ステップの概要と全体の流れ、そしてその全体的な組み立ての意義と限界を押さえておくことです。

まずは、STPマーケティングを企業が展開するうえでの基本ステップとその概要です。これは、以下のように整理できます。

1）マーケティング機会の分析

最初のステップは、市場調査です。市場調査は情報を通して消費者と市場を理解するものです。自社の事業に対して予想される消費者、競争企業、パートナー企業についての調査、あるいは人口統計的、経済的、技術的、社会的なトレンドなどの情報の収集と分析を行います。マクロ分析から、より当該市場にフォーカスしたミクロでの調査を実施します。

2）セグメンテーションとターゲティング

次のステップは、セグメンテーション（市場細分化）とターゲティングです。マーケティングをうまく進めるには、市場の非同質性を見逃さないことが重要です。そのために、このステップでは、市場をいくつかに区分し、区分された各セグメント（市場細分）の潜在市場力や将来需要を予測します。その中で企業は、自社の事業やプロジェクトにとって最も有利なセグメントをターゲット（標的）として選定します。

3）ポジショニングの設定

続いて、ターゲットとする顧客に向けてどのような便益を提供するかを検討します。この設定にあたっては、競争企業に対する差別化のポイントの検討が重要な課題となります。

第2章　マーケティングの企画と実行の全体プロセスを知る

4）マーケティング・プログラムの立案

　以上のステップを終えると、次は実施計画の立案です。マーケティングの実行においては、複数の手法や活動を用いることが多くなります。計画の対象が複数の手法や活動の集合となることから、「マーケティング・ミックス」や「プロモーション・ミックス」などの概念が使われます。このステップでは、その中で、どのような手法や活動を選択し、どのように実行するかの計画を立案します。

5）実行とコントロール

　最後のステップは実行です。以上の分析と計画を踏まえたコントロールをきかせながら、必要なマーケティングの手法や活動を統合的に実行していきます。

2-3. STPマーケティングとして見る「スタディサプリ」のストーリー

　STPマーケティングの実際は、どのようなものとなるのでしょうか。リクルートのデジタル事業である「スタディサプリ」を例にとって考えてみましょう。

　「スタディサプリ」は、リクルートが行うWeb配信の教育サービス事業です。当初の大学受験講座と高校講座（旧「受験サプリ」）から、現在では中学講座、小学講座、さらには英語学習へとその事業は拡大しています。

　「スタディサプリ」の受講生はパソコンやタブレット、あるいはスマートフォンなどからアクセスし、Web配信されるビデオ講義で学習します。「スタディサプリ」の高校講座・大学受験講座には、現在では3000ほどの講義が用意されています。これらの講義で教えるのは、

40

トップ予備校などで教壇に立ってきた有名講師たちです。

　高校生たちは、勉強に加えて、学校行事に部活動と忙しい毎日を送っています。その中で地方に住む高校生たちにとっての悩みは、「高度な受験指導を提供する予備校や講師が東京などの大都市圏に集中していること」でした。

　「スタディサプリ」は、この従来型大手予備校の展開力の限界を乗り越えるべく開発されました。Web配信によるビデオ講義であれば、場所や時間に制約されずに勉強できます。また教室が不要なことなどから、低コストの事業展開も可能です。

　このサービスをリクルートは、どのように開発していったのでしょうか。STPマーケティングの組み立てで、そのストーリーを振り返ってみます。

1）マーケティング機会の分析

　リクルートは、事業の開始に先立って、市場調査を繰り返し行っています。高校生を対象とした調査、国内の受験産業についての調査、海外のWeb配信の教育サービスについての調査などが行われました。

2）セグメンテーションとターゲティング

　これらの市場調査でわかったことの一つに、全国ベースで見ると、予備校に通うのは、大学進学を希望する高校生の3割程度に過ぎないという実態がありました。その背景には、先に述べたような、地方の受験事情があると考えられました。リクルートは、高度な受験指導を求めている地方の高校生に注目し、大都市部中心の従来型の大手予備校ではカバーしきれない大学受験者をターゲットとすることにしました。

41

3）ポジショニングの設定

Web配信によるビデオ講義であれば、場所や時間に制約されずに勉強できます。また教室が不要なことなどから、低コストの事業展開も可能です。リクルートは、Webを用いることで、従来型の大手予備校とは差別化されたポジショニングで事業を展開することにしました。（図表2－②）

4）マーケティング・プログラムの立案

以上のようなマーケティング機会、ターゲティング、そしてポジショニングを踏まえて、リクルートは、「スタディサプリ」で、大手予備校に引けを取らない大規模なプロモーションを全国に投入しながら、質の高い講義動画を、従来型の大手予備校より大幅に低い料金で配信するプログラムを実施していくことにしました。

5）実行とコントロール

リクルートは、「スタディサプリ」の有料会員サービスを2012年に開始しました。そのあとは、大学受験講座と高校講座を中心に事業を広げながら、2015年には有料会員が累計25万人を突破するなど、成長が続いています。

<u>ポジショニングマップ例</u>　　　　　　　　　　　　　　　　　　（図表２－②）

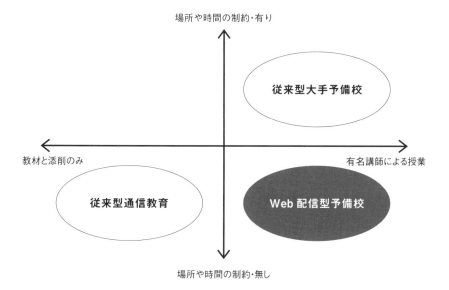

出典：著者作成

第2章　マーケティングの企画と実行の全体プロセスを知る

2-4. もう一つのストーリー

　STPマーケティングは、企業になにをもたらすのでしょうか。それは、マーケティングの企画と実行に、以下のような予測→計画→実行の流れを持ち込み、プロジェクトの整然とした市場駆動型（すでにあるものを使うことよりも、消費者のニーズを満たす最適解が優先）の展開を促すことだといえます。

①予測：事業目的のもとで市場調査を行い、標的として最適な領域
　　　　を見い出す。
②計画：この標的に向けて、統合化された最適なマーケティング・
　　　　プログラムを策定する。
③実行：計画したプログラムを、市場に集中投入する。

　「スタディサプリ」の企画と実行は、STPマーケティングのプロセスとしてたどることができます。リクルートは市場調査によって、大きな未消費の領域（時間的・経済的な制約で従来型の大手予備校に通えない高校生のセグメント）が眠っていることを見い出し、この領域を標的に、従来型の大手予備校と差別化された、低料金のWeb配信型教育サービスを投入することで、その事業を成長へと導いています。
　しかし、「スタディサプリ」の歩みを振り返ると、そこには、STPマーケティングの予測→計画→実行の流れとは相容れない動きも見られます。このことも見逃さないようにしなければなりません。
　まずは「スタディサプリ」という有料教育サービスの誕生の経緯です。この教育サービスの開発プロジェクトは、市場調査の中でリ

44

クルートの担当者が、地方の受験事情を知ったことから動き出しました。しかし、この市場調査は「リクナビ進学」という、別の事業の一環として行われていたものでした。

「リクナビ進学」は、専門学校や大学などのクライアントから、広告収入を得て、進路選択のサポート情報を高校生に提供する事業です。この時点では、当のリクルートの担当者も、予備校のような有料教育サービスを自社が手がけることになるとは考えていなかったのです。しかし、ここで、市場調査での予期せぬ出会いを「関係のない話」と切り捨てなかったことから、「スタディサプリ」の有料教育サービスが生みだされていきました。

また、「スタディサプリ」には、手持ちのリソースがうまく活用されています。リクルートは、「スタディサプリ」の有料教育サービスを開始する以前から、大学入試の過去問題などを、無料で利用できる会員サービスを提供していました。「スタディサプリ」の有料サービスは、この無料サービスと組み合わせて提供されることになります。こうした無料サービスとの組み合わせは、リーチを広げ、利用者を有料サービスへと誘導する効果が期待できることから、多くのビジネスで用いられています。「スタディサプリ」は、すでにあるリソースを活用することで、同様の構成を実現したのです。

このようにして立案された「スタディサプリ」のマーケティング・プログラムですが、そのすべてが順調に計画どおりに実行されていったわけではありません。実行のプロセスの中で、以下のような重要な変更が生じています。

「スタディサプリ」の受講料金は、当初は1講座5000円の買い切り型でした。従来型の大手予備校は一般に1講座8〜10万円くらいの価格設定です。「スタディサプリ」は最初から激安料金だった

45

わけですが、当初の利用申込みは低迷を続けました。リクルートは途中から、月額980円で全講座使い放題の料金プランに切り替え、「スタディサプリ」事業を立て直しています。

　高校による「スタディサプリ」の採用の広がりのように、事業を始めたことで生じた新しい動きもあります。「スタディサプリ」を補習などに利用すれば、高校では、生徒一人ひとりのレベルに合った学習が提供できます。しかし、リクルートはこの可能性を当初は想定しておらず、「スタディサプリ」の存在に気づいた高校側から、利用についての打診があったことで、初めて気づいたといいます。

　2015年には「スタディサプリ」を導入した高校は、700校ほどに上ります。リクルートでは現在、この動きを後押しするべく「スタディサプリ」を導入する高校に向けて、教員用の管理システムを開発したり、営業担当による高校への訪問を始めたりするなど、その可能性を生かそうとしています。

2-5. エフェクチュエーション

　マーケティングの企画と実行の実際は、STPマーケティングの予測→計画→実行の流れから逸脱することが少なくありません。

　なぜ、このようなことが起こるのでしょうか。その背景には、市場という場の不確実性と相互依存性があることを、サラス・サラスバシー（バージニア大学ビジネススクール教授）が指摘しています。

　市場とは、プレイヤーによるゲームのルールの書き替えが、避けがたく起こる場です。ですから、市場の秩序を、普遍法則と同一視することはできません。サラスバシーは、こうした市場の予測不可

能な不確実性に挑むには、エフェクチュエーションの行動原則に基づく企画と実行が必要だと説きます。

　エフェクチュエーションとは、起業家への調査から導き出されたビジネスにおける戦略的な直感の役割を捉えた理論です。では、エフェクチュエーションの行動原則とは、どのようなものでしょうか。サラスバシーが提示するのは以下の五つの行動原則です。STPマーケティングが、市場の予測可能性を前提とした時の企業の合理的な行動原則を示していたのに対し、エフェクチュエーションは、市場の予測不可能性を前提とした時の企業の合理的な行動原則を示します。

STPマーケティングか、エフェクチュエーションか？　　　　（図表２-③）

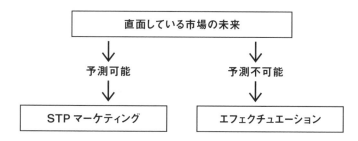

出典：著者作成

１）手持ちの鳥の原則（The bird-in-hand principle）

　これは、すでにある自社のリソースを生かすことを優先するという「手段主導」の行動原則です。たとえば「スタディサプリ」では、事業の標的が定まる以前に確立していた社内リソースを巧みに活用しています。これは、STPマーケティングが、「目的主導」あるいは「市場駆動」の企画と実行に向かいがちなこととは対照的な動きです。

47

2）許容可能な損失の原則（The affordable-loss principle）

これは、どこまでの損失が許容可能であるかを見定めて、その範囲で投資を行うという、「許容可能な損失」を優先する行動原則です。たとえば「スタディサプリ」では、いきなり現在のような、中学講座、小学講座、英語学習などからなる全ラインをオープンするのではなく、手持ちのリソースと必要最小限のアウトソーシングで事業を開始しています。これは、STPマーケティングが、「期待収益の最大化」の実現に傾きがちなこととは対照的な動きです。

3）クレイジーキルトの原則（The crazy-quilt principle）

これは、可能なところから行動をはじめ、その結果としてでき上がったネットワークの中でなにができるかを考えるようにするという行動原則です。たとえば「スタディサプリ」では、Web配信の教育サービスを開始したことで、高校の先生が補習などに利用する可能性を思いつき、そこから新たな取り組みが開始しています。これは、STPマーケティングが、事前の予測や目的に基づいて、事業のパートナーや参加メンバーを決めていくことになりがちなこととは対照的な動きです。

4）レモネードの原則（The lemonade principle）

これは、予期せぬ出会いを大切にし、偶然を避けるのではなく、逆に利用し尽くすことを優先する行動原則です。たとえば「スタディサプリ」では、そもそもの市場調査の目的からは、はみ出してしまう気づきから、有料教育サービスの企画が開始しています。これは、STPマーケティングが、不確実な状況を避けたり、克服したりすることに向かいがちなこととは対照的な動きです。

5）飛行中のパイロットの原則（The pilot-in-the-plane principle）

これは、事業機会をたぐり寄せるのは、その場その時の人間の活動だと考え、注意と活動を怠らないようにする行動原則です。たとえば「スタディサプリ」では、当初の料金プランが受け入れられないと見ると、新たな料金プランへの切り替えが迅速に行われています。これは、STPマーケティングが、あたかも自動操縦のように進んでいくものとして、実行とコントロールのステップを扱いがちなこととは対照的な動きです。

2-6. デジタル時代のマーケティングの企画と実行

マーケティングの企画と実行にあたっては、STPマーケティングに加えて、エフェクチュエーションの行動原則を生かすことも考えるようにしなければなりません。なぜなら、市場という場では、その相互依存的な構成を踏まえると、予測可能な状況は部分的にしか成り立たないと考えざるを得ないからです。

たしかに、市場の予測可能性が高い状況では、STPマーケティングの有効性が高まります。しかし、デジタル時代では多くの企業が、ますます変化が激しく予測が難しい市場に直面するようになっています。

デジタル技術の進化は速く、それとともに人々のコミュニケーションや接する情報は質・量共に、急激に変化しています。この技術と社会のダイナミズムは、マーケティングの前提となる消費者のニーズ、製品やサービスの価値、効率的な支払い手段、あるいは有効なチャネルやメディアのあり方を揺さぶり続けており、未来の市場を予測することを一段と困難にしています。デジタル時代のこうした変化が、エフェクチュエーションの有効性を高めています。

加えて企業が、エフェクチュエーションの行動原則に従って、日々のマーケティングの企画と実行に取り組もうとするならば、市場からの迅速なフィードバックや、組織における柔軟な振り返りや意思決定が欠かせません。デジタル技術が、このようなフィードバックの迅速化や、振り返りや意思決定の柔軟化を後押ししています。これもデジタル時代には、マーケティングの企画や実行にエフェクチュエーションの活用が広がりやすい要因です。

一方で、デジタル技術と手をたずさえた市場のグローバル化、あるいは技術ライフサイクルの短命化によって、多くの企業がマーケティングの企画と実行を、今まで以上に大規模かつ統合的に展開する必要に迫られています。これは、デジタル化の中では、STPマーケティングの重要性も増しているということです。そして、デジタル技術の活用によって、STPマーケティングを支える予測や計画や実行についても、その迅速化や高精度化が進んでいます。

STPマーケティングとエフェクチュエーションは、マーケティングの企画と実行の対立的な行動原則です。デジタル時代においては、この対立的な行動原則を「いかに両立させ高度化していくか」が大切なのです。たとえば、リクルートのスタディサプリでは、STPマーケティングのプロセスから、エフェクチュエーションの気づきが生じ、これを生かした新たな展開のSTPマーケティングをさらに仕掛けるという転換が次々と生じています。なぜ、このような転換が矢継ぎ早に可能かというと、デジタル化の進展が、両者のマーケティングの企画と実行における活用を、同時に高度化しているからです。デジタル時代のマーケティングの企画と実行では、STPマーケティングとエフェクチュエーションの複線的な思考と行動の重要性が一段と高まっているのです。

2-7. 第2章のまとめ

□STPマーケティングのステップ

　STPマーケティングは、標準的なマーティングの企画と実行のプロセスです。STPマーケティングは、マーケティングの企画と実行を、「マーケティング機会の分析」→「セグメンテーション」→「ターゲティング」→「ポジショニングの設定」→「マーケティング・プログラムの立案」→「実行とコントロール」というステップで組み立てます。

□STPマーケティングの貢献

　STPマーケティングは、マーケティング企画と実行に、予測→計画→実行の流れを持ち込み、プロジェクトを市場駆動型の統合化された展開に導きます。

□STPマーケティングの限界

　マーケティングの企画と実行では、STPマーケティングから逸脱する動きがしばしば見られます。これは、市場という場では予測不可能な不確実性が避けがたく生じるために起こる現象です。

□エフェクチュエーション

　このSTPマーケティングの限界を補うのが、エフェクチュエーションです。エフェクチェーションは、予測不可能な不確実性のもとでの合理的な企画と実行の行動原理を示します。

□デジタル時代のマーケティングの企画と実行

　デジタル化の進展が、マーケティングの企画と実行における、

STPマーケティングとエフェクチュエーションの必要性、そして活用の可能性を同時に高めています。デジタル時代のマーケティングの企画と実行では、この複線的な思考と行動の重要性が一段と高まっています。

<了>

第 **3** 章

マーケティング・
ミックスとは
なにか？

執筆：神戸大学大学院経営学研究科 教授
　　　栗木契

第3章 マーケティング・ミックスとはなにか？

3-1. マーケティング・ミックスとは？

　顧客との関係を創造し、維持する。これは、企業が新たな事業を生みだしたり、持続化したりしていこうとすれば、避けて通ることができない課題です。この顧客との関係の創造と維持を担うのが、マーケティングです。

　マーケティングとは、企業が総合的に取り組む経営上の重要課題です。マーケティングのわかりやすい目的は、顧客に対する価値を創造し提供することにより、関係をつくり上げ維持することです。そしてこの目的は、複数の手法や活動を統合的に展開することによって実現していきます。マーケティングというのは、なにか一つの手法や活動ではないのです。

　事業というものの根幹にあるのは、企業が製品やサービスを提供し、対価を受け取るという関係です。さらにそこで提供した製品やサービスが、顧客の課題を解決したり、喜びや満足を生み出したりすることで、この関係は一段と深まったり、広がったりしていきます。

　そのために多くの企業がイノベーションに挑んだり、ものづくりの高度化を実現したりしようとします。しかし、顧客と関係を深めたり広げたりする企業活動は、製品やサービスの開発や生産だけではありません。このことを見逃すと、企業のマーケティングは近視眼に陥ることになります。

　マーケティングにあたっては、購買の利便性を確保することも重要です。消費者が思い立った時に、気楽に購買できなければ、製品やサービスの消費はなかなか広がりません。赤城乳業の『ガリガリ君』は、かき氷の食感が味わえるアイスキャンディです。『ガリガリ君』は「国民的人気のアイス」と評される売れ筋商品ですが、たとえばこ

54

れも、全国のコンビニに置かれていればこそ実現する話です。

　あるいは、マーケティングを進めるには、自社の製品やサービスの存在や利点を、広く顧客となりそうな人たちに知ってもらうことも必要です。ですから企業は、そのための情報提供を、広告や広報を通じて展開していくことになります。

　このように見ていくと、企業が、顧客との良好な関係をつくり、これを広げたり、持続化したりしていこうとすれば、（図表3－①）に挙げるような基本的なものだけでも、数々の手法や活動を動員する必要があります。マーケティング・ミックスとは、こうしたマーケティングを実現するために用いられる多種多様な手法と活動の総称です。マーケティング・ミックスという概念の眼目は、マーケティングとは総合的な取り組みとして実現するとの認識にあるわけです。

第3章のポイント

☐ マーケティングでは、その手法や活動が多種多様なものとなることを踏まえたマネジメントが必要である。

☐ マーケティングの多種多様な手法と活動は、製品戦略（Product）、価格戦略（Price）、流通戦略（Place）、広告販促戦略（Promotion）の四つの戦略から成り立つ体系と捉えることができる。

☐ マーケティングには、多種多様な手法と活動のバランスよい理解と、統合化された実行を導くフレームワークが欠かせない。

☐ デジタル空間の発展とともに、マーケティング・ミックスのベースにある発想がますます重要になっている。

第3章 マーケティング・ミックスとはなにか？

マーケティング・ミックスの体系と全体像 （図表3－①）

製品戦略 （Product）	新製品開発 ブランド構築 エスノグラフィック・マーケティング デザインシンキング 価値共創 etc.
価格戦略 （Price）	価格の調整と最終価格決定 ペネトレーション・プライシング スキミング・プライシング イールド・マネジメント etc.
流通戦略 （Place）	直接販売・間接販売の選択 仲介業者の管理 オムニ・チャネル ショッパー・マーケティング etc.
広告販促戦略 （Promotion）	メッセージの作成 コミュニケーション・チャネルの選択 コミュニケーション・ミックスの決定 etc.

出典：著者作成

3-2. 4Pというフレームワーク

　マーケティング・ミックスは、多岐に渡る手法や活動の集合です。マーケティングのアカデミズムや実務の世界では、それらの諸要素を四つの戦略領域に分けて体系化するのが一般的です。すなわち、製品戦略（Product）、価格戦略（Price）、流通戦略（Place）、広告販促戦略（Promotion）の四つの戦略から成り立つものとしてマーケティング・ミックスを把握するわけです。かつてエドモンド・ジェローム・マッカーシーが提唱した「4P」のフレームワークは、現代のマーケティングの研究と実務を基礎付ける概念となっています。

　以下では、4Pというフレームワークの基本的な内容と組み立てを確認していきましょう。

1）製品戦略（Product）

　製品とは、市場において、消費者が対価を支払い購入しようとする直接的な対象です。この購入の対象が無形物である場合には、「製品」ではなく「サービス」と呼ばれます。企業が、どのような製品やサービスを提供しようとしているかは、顧客との関係を構築するうえでの基軸となります。

　製品戦略は、マーケティングという複合的な問題を構成する一要素です。そしてこの製品戦略がまた、新製品開発やデザインシンキングから成る複合的な問題となります。マーケティングは、ミックスの構成要素が、さらにまた、複数の下位要素のミックスとして構成されるという入れ子状の複合問題です。4Pをデザインしようとすれば、（図表3-②）のような入れ子状の複合問題に立ち向かう必要が出てくるわけです。

57

入れ子状の複合問題 （図表3-②）

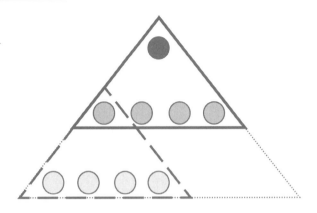

出典：著者作成

　製品戦略についていえば、まずは単一の製品・サービスそのものが、企業にとっての多くの検討事項を含む複雑な構成体です。製品・サービスの価値は、その中身の機能や品質だけで決まるわけではなく、ネーミング、デザイン、パッケージング、サイズ、サポート・サービスなども、見逃してはならない重要な要素です。

　たとえば『ガリガリ君』は、かき氷をアイスキャンディでコーティングすることで、片手でも食べやすいように棒スティック化した製品です。しかし、これだけが『ガリガリ君』の人気の理由ではなく、そのネーミングやキャラクター、その場で一本もらえる当たりくじなども、『ガリガリ君』の魅力を構成する欠かせない要素となっています。

　製品・サービスのバリエーションの問題もあります。味や色やサイズなどの異なるアイテムをどのように追加し、製品・サービスのラインをいかに構成していくかの判断は製品戦略上の重要問題です。『ガリガリ君』では、ソーダ味を通年販売しながら2ヵ月ごとに新しいフレーバーのアイテムを投入し、併売していく対応をとっています。コーンポタージュ味など、ユニークな味の『ガリガリ君』アイテムの

投入が話題を集めたこともありました。

　さらに赤城乳業は、様々な冷菓にとどまらない、多種の食品のラインを展開しています。こうした、群としての製品・サービスをいかに管理し、企業としての強みをつくりだしていくかも、製品戦略の重要な課題です。

2）価格戦略（Price）

　マーケティングでは、価格戦略も重要です。消費者が、製品・サービスを購入するか否かは、製品・サービスそのものの良し悪しだけではなく、その購入に必要とされる金額とその支払いの条件によっても左右されます。たとえば、いかに『ガリガリ君』が魅力的でも、その価格次第では購入を見合わせるということもあり得るでしょう。

　一方で企業にとって価格は、製品・サービスを消費者に提供することへの対価です。基本的に価格は、そこで必要となるコストを企業が回収し、適正な利潤を得ることができるように設定しなければなりません。

　価格の設定にあたっては、企業にはいくつもの選択肢があります。同一の製品・サービスであっても、価格は常に同一でなければならないわけではありません。販売する地域、時期、サイズなどによって割り引かれた価格、あるいは割り増しされた価格を設定する場合もあります。

　価格の支払いの方法についても、多くの選択肢があります。現金だけではなく、各種の電子マネーやクレジットカード、あるいは銀行振り込みなど、様々な支払い方法を、現代の企業は利用できます。製品・サービスによっては、ローンを用意し、分割払いが可能となるようにすることもあります。近年のインターネット上での決済では、顧客が携帯電話料金とまとめて各種の支払いをすませる支払い方式（キャリア決済）の活用も広がっています。キャリア決済により、

外出先でのスマートフォンなどからの購入が手軽になり、有料の
Webサービスやアプリの普及が後押しされています。

3）流通戦略（Place）

　マーケティングには、流通戦略も欠かせません。いかに価値のあ
る製品・サービスであっても、流通していなければ、消費者に購買
されることはありません。

　私たち、一人ひとりにとっての日常的な行動範囲は、限定されて
います。そして、その中でアクセス可能な店舗に並んでいる製品・
サービスに、私たちの購買対象は制約されます。さらにいえば、『ガ
リガリ君』がいかに好きでも、立ち寄った店舗に置いていなければ、
他のアイスキャンディを代わりに買って済ませるということもあるわ
けです。

　こうした問題に対応しながら、マーケティングを進めようとする中
で、多くの企業は、自社の製品・サービスが流通する範囲を広げたり、
販売拠点の密度を高めたりしようとします。そして多くの企業が、様々
な流通企業との取引を開拓しようとしますが、ここでも多くの選択
肢があります。

　流通企業には、様々なタイプがあります。代表的な小売業態とし
ては、百貨店、スーパー、コンビニ、専門店、ネット通販などを挙げ
ることができます。業態が異なれば、取扱商品の品揃え、店舗での
接客、アフターサービスの水準、利用可能な場所などが異なってき
ます。さらに小売企業には、業態だけではなく、地理的にカバーす
る範囲、店舗数などの違いもあります。

　そして、これらの小売企業との取引を仲介する卸売企業との関係
もあり、そこにも様々な選択肢があります。さらには流通企業を介
さず直販を行うという選択肢も含めて、マーケティングを進める企
業は、流通チャネルの組み立てを確立していかなければなりません。

4）広告販促戦略（Promotion）

　最後に広告販促戦略です。いかに優れた製品・サービスであっても、その用途や価値が知られていなければ、誰も購買しようとはしないでしょう。製品・サービスが、広く顧客を獲得するためには、その存在や有用性が社会に知れ渡っていなければなりません。この問題を乗り越えるためには、製品・サービスの関わる情報の発信が必要です。

　プロモーションとは、製品・サービスに関わる情報を発信するための様々な手法や活動の総称です。広告はその代表的な手段です。広告には、テレビ、ラジオ、新聞、雑誌、Webページ、公共交通機関、看板、ちらしなど多くの媒体があります。そのほかにも、販売員による推奨や説明、サンプルやクーポンの配布など、プロモーションの役割を果たす手法や活動はいくつもあります。

　加えて、マーケティングを進めようとする企業は、プロモーションの媒体の選択だけではなく、媒体特性に応じた伝達内容、表現の方法も検討しなければなりません。たとえば『ガリガリ君』でも、ユニークなCMソングを用いたテレビ広告、小学生向け雑誌での漫画『ガリガリ君』の連載、あるいはソーシャルメディアのクチコミ喚起につながる話題投入など、様々なプロモーションが展開されています。

3-3. なぜ「四つのP」なのか？

4Pは、マーケティング・ミックスを、四つの戦略領域のもとに整理して捉えるフレームワークです。この四つの戦略領域は、企業の側から見ると「四つのP」なのですが、顧客の側から見ると、「四つのC」となるといわれます（図表3－③）。

4Pと4Cの関係　　　　　　　　　　　　　　　　　（図表3－③）

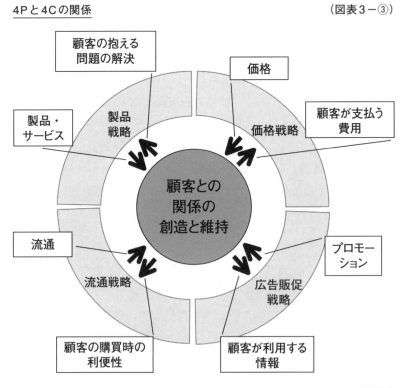

出典：著者作成

まずは製品戦略ですが、顧客になにをもたらすかという観点から見れば、そこで扱われるのは、顧客のかかえる問題の解決（Customer solution）に関わる手法や活動です。同様に見ていくと、価格戦略で扱われる手法や活動は、顧客が支払う費用（Cost）に対応しており、流通戦略で扱われる手法や活動は、顧客の購買時の利便性（Convenience）に対応しており、広告販促戦略で扱われる手法や活動は、顧客が利用する情報（Communication）に対応しています。

　４Ｐのフレームワークは、世界中のマーケティング研究者や実務家に用いられています。とはいえ、この４Ｐというフレームワークは、常に現実の企業の職能や部門の編成と一致しているわけではありません。いや、むしろ一致しないことのほうが多い、というべきなのかもしれません。

　それでも４Ｐのフレームワークが定着しているのは、マーケティングに関わる現象を分析し、企業活動を戦略的に展開するうえでの有用性があるからです。

　４Ｐは、なぜ有用なのでしょうか。単なる語呂合わせや、記憶のための符号にとどまらない役割が４Ｐにはあります。４Ｐは、マーケティングに関わる問題の認識と実践をより的確に導くための思考ツールです。４Ｐをマーケティングにおける戦略立案、そしてそのための情報の収集や分析に用いることの意義として、次の２点を挙げることができます。

１）バランスのとれた理解が可能になる

　４Ｐという枠組みを用いることで、マーケティング・ミックスに対するバランスのとれた理解が促されます。ともすると私たちは、食品のヒットを、味の評価だけで論じてしまったり、自動車のヒットを、燃費特性だけで判断してしまったりしがちです。あるいは、広告の

話題性だけに注目して、その製品の売れ行きを説明してしまったりすることもあります。

　しかし、4Pというフレームワークを用いるようにすれば、こうした近視眼的な議論に陥る危険性は低下します。4Pで考えるようにすることで、マーケティングを一つの要因だけで捉えたり、検討したりすることが回避されます。4Pは、マーケティング・ミックスに対するバランスのとれた理解を可能にするのです。

2）統合化された実行が進む

　4Pというフレームワークを用いることで、企業は自社のマーケティングを統合的に捉えることができるようになります。4Pを踏まえた計画や評価を採用することで、企業はマーケティングに関わる各種の手法や活動の相乗効果を引き出せなかったり、不整合を引き起こしてしまったりする愚を避けられます。

　マーケティングとは、なにか一つの手法や活動ではありません。これは、マーケティングの実行にあたり、気をつけていないと、その手法や活動がバラバラに展開していくという問題が起きやすいということです。4Pはそこに手法や活動の間の連携を取り戻すためのフレームワークとして有用です。

3-4. デジタル空間に広がる マーケティング・ミックス

　理論やフレームワークが有用なのは、広く通じる因果関係や分類、枠組みを知っておけば、複雑な現実がどのように成り立っているかを、容易に読み解くことができるようになるからです。この意味での4Pの有用性は、ITとインターネットをマーケティングに活用するデジタル化の動きが進むとともに一段と高まっているといえます。

　有料・無料のアプリによるサポート・サービス提供、電子マネーの利用、eコマースの活用、ソーシャルメディアを用いた話題づくりなど。デジタル空間の発展とともに、マーケティング・ミックスの新たな手法や活動は加速度的に増加しています。一方で従来型のリアルなマーケティング・ミックスについても、依然としてその多くが有効性を保っています。

ソーシャルメディア・マーケティングの新しいフレームワーク　（図表3－④）

	ウェブ空間	非ウェブ空間	
オウンドメディア（企業が自ら管理する、所有型のメディア）	・企業Webサイト ・企業ブログ ・ソーシャルメディア上のブランド公式ページ ・メールマガジン ・インターネット・モール上の自社販売ページ	・店舗 ・サービススタッフ ・カタログ ・ダイレクトメール ・コールセンター ・ニュースリリース	関係のリッチネスを深める
ペイドメディア（企業が料金を支払って利用する、広告型のメディア）	・バナー広告 ・検索連動広告 ・ネット通販サイトでのセールスプロモーション	・マスコミ広告（TV・新聞・雑誌広告など） ・SP広告（屋外・交通広告など） ・店頭プロモーション ・スポンサーシップ	関係のリーチを広げる
アーンドメディア（企業が自ら管理したり、料金を支払ったりすることなく生じる、名声や評判のメディア）	・ソーシャルメディアへの書き込みや画像投稿 ・ソーシャルメディア上のリンク、シェア、フォロワー ・通販サイトや情報サイトへのコメントやレビュー ・ブログ記事 ・Webニュース ・検索ランキング	・クチコミ（対面） ・報道記事 ・ユーザークラブ	関係の評判を高める

出典：栗木契「Web空間の"ハブ"として機能させるオウンドメディア」
　　　『宣伝会議』2014年11月号（877号）

デジタル時代の中で多くの企業が直面しているのは、多様化し続けるマーケティング・ミックスをいかにバランスよく理解し、統合化された実行につなげていくかという課題です。この必要性を考えると、デジタル時代であるからこそ、4Pはますます重要となっているといえそうです。

振り返れば、この4Pのそもそもの狙いは、マーケティングの手法と活動が多様であることを前提に、そのバランスよい理解と、統合化された実行を導くことにあったわけです。今後も、私たちは、デジタル空間に広がっていくマーケティング・ミックスの新たな秩序を捉えるべく、さらなるフレームワークを模索しなければなりません。(図表3-④)のようなソーシャルメディア・マーケティングを、オウンドメディア(所有するメディア)、ペイドメディア(購買するメディア)、アーンドメディア(シェアするメディア)に分けて捉えるフレームワークは、そうした試みの一つです。とはいえ、これについては、私たちがこれから答えをつくっていくべき問題と見るべきでしょう。

3-5. 第3章のまとめ

□マーケティング・ミックスとは

マーケティング・ミックスとは、マーケティングに用いられる手法や活動が多種多様なものとなることを踏まえうえでの、それらの手法や活動の総称です。

□4Pというフレームワーク

4Pという、広くマーケティングに定着しているフレームワークは、マーケティング・ミックスを、製品戦略（Product）、価格戦略（Price）、流通戦略（Place）、広告販促戦略（Promotion）の四つの戦略から成り立つものと捉えます。

□4Pの有用性

4Pの有用性は、マーケティング・ミックスのバランスよい理解と、統合化された実行を導くことにあります。

□デジタル時代のマーケティング・ミックス

デジタル空間の発展とともに、マーケティング・ミックスの新たな手法や活動が加速度的に増加する中で、4Pのベースにある発想はますます重要になっています。

<了>

第4章

マーケティング・リサーチ

執筆：ニールセン ディレクター
東浦和宏

第4章 マーケティング・リサーチ

4-1. マーケティング・リサーチとは？

　マーケティング・リサーチとは、企業が情報を通じて、「消費者」とそれをとりまく「市場」を理解することで消費者と企業をつなぎ、企業の「顧客に意味のある価値の創造」を助けるものです。さらに、企業をその目標達成へとガイドするものでもあります。したがって、リサーチャーは、企業の意思決定プロセスにおいて、「市場、消費者の代弁者」としての役目を持っているといえるでしょう。

マーケティング・リサーチが活用される領域

①消費者のニーズ、ウォンツの発見、発掘

　新しいビジネス機会を発見する、もしくは、生み出すことに活用されます。あとの章にでてくる現状把握の分析、ターゲットの理解を通じて、新しい消費者ニーズ、ウォンツを発見し、それに対する製品やサービスを創造していきます。そのために市場規模の分析、市場トレンド分析、消費者購買行動分析、消費者セグメンテーション、アイデア創造のワークショップ、すでに上市している製品のトラッキング調査からのニーズ、ウォンツ発見、ブランド・エクイティ[※1]調査によるそのブランドへの期待の理解などに使われます。

※1　ブランドについての顧客の主観的かつ無形の評価で、客観的な知覚価値を超えたものである。ブランド・エクイティのサブドライバーは、顧客のブランド認知、ブランドに対する顧客の態度、ブランド倫理に対する顧客の認識である。企業は広告、パブリック・リレーションズ、その他のコミュニケーション・ツールを使ってこうしたサブドライバーに影響を与える。（『コトラー＆ケラーのマーケティング・マネジメント（第12版）』丸善出版）

②リスクマネジメント

　マーケティング活動に消費者の声、行動を反映できていないリスクを軽減する、そして企業の目標達成のためのリスクを軽減するために活用されます。製品が上市されるまでに、製品・サービス、各マーケティング活動が消費者ニーズに合致しているものであるかを、チェックするプロセスにしたがってリサーチをし、リスクを軽減します。上市前の製品テスト、CMテスト、パッケージテスト、価格テスト、上市後のトラッキング・リサーチなどがあります。適切なKPIを過去の消費者リサーチに基づいてつくることも、リスクマネジメントの重要な要素であり、リサーチャーの重要な役目です。

③オプティマイゼーション（最適化）

　目標を達成するために、消費者の声・行動に基づく最適な計画をつくることにも活用されます。たとえば、②のプロセスのどこかのステージで製品が製品テストのKPIをパスしなかった場合、決められた予算、時間などの中で、どこを改良すればいいのかをリサーチを通じて分析します。需要予測をして、目標の売上に到達しなかった時に、4Pや、マーケティング活動及び予算をどのように変更すれば、目標を達成できるのかをリサーチ、分析を通じて考えていきます。そのためには、市場全体の動き、カテゴリーの特性、消費者購買プロセス、店頭活動、その背後にある消費者及び、ショッパーの行動、及びインサイト理解などを総合的、客観的に見ていくことが必要となり、市場構造の総合的な理解がリサーチャーに求められます。

第4章のポイント

- [ ] マーケティング・リサーチは情報を通じて企業と消費者をつなぎ、企業の顧客価値の創造を助け、そして、企業を目標達成へガイドするもの。

- [ ] リサーチには三つの活用領域がある。①消費者のニーズ、ウォンツの発見、発掘 ②リスクマネジメント ③オプティマイゼーション（最適化）

- [ ] リサーチには、定性、定量がある。定性は主に探索を目的とし、定量は検証と実態把握を目的とする。それらは、マーケティング・プロセスの中で、意思決定に使われて初めてその存在意義を持つ。

- [ ] リサーチを意思決定の核とするためには、リサーチを活かす組織、そしてプロセスの構築が必須。

- [ ] リサーチャー四つの心得。①信頼できるデータ、適したデータを見極める人である ②客観的に見て、聞ける人である ③消費者インサイト発見のガイドになる ④マーケティング・アクションにつながるリサーチをする。

- [ ] デジタルの発展により新しいリサーチが登場している。

4-2. マーケティング・リサーチの種類

マーケティング・リサーチの三つの種類

①デスクリサーチ

　目的に沿ったリサーチを企画し、データをとるのではなく、既存のデータや、研究機関のレポートを使って、当該マーケティング課題に答えていくものです。総務省の人口データを分析し、人口は増えているのか減っているのか、各年代ではどうなのか、家計調査データで支出が増えている業種はどれなのか。業界研究誌で、市場規模、各社のシェア、競合の強み弱みなどを見るなどして、戦略立案などに役立てます。

②定性リサーチ

　主な目的は探索です。行動を観察したり、グループインタビューや1：1のインタビューをしたりして、消費者が、どんなふうに一日を過ごしているのか、どんなふうに製品を使っていて、どんな気持ちで使っているのか、どんなことに満足していて、どんなことに不満足なのか、ブランドのどこがいいと思っていて、どこが良くないと思っているか、どんなふうに買い物をしているのかなどを理解します。マーケターは、これをもとに、仮説を立てたり、アイデアを考えたりします。また、つくった製品アイデアや、製品コンセプト、パッケージなどについての意見を聞き、改善することにも有効なリサーチです。

　デジタルの発展が生み出した定性の手法の一つとして、MROC（Marketing Research Online Community）というオンラインパネルを使った定性リサーチがあります。参加者がインタビュールー

73

ムに来るのではなく、オンラインでつながり、家にいながらグループディスカッションに参加します。数日にわたり、何回も同じメンバーでディスカッションできるのが特徴です。また、在宅での参加が可能なので、ほかの人の意見を聞いて、それを実際に家で試したうえでの感想を得ることができます。さらに、ほかの人がそれに対して新しい意見を言うなど、体験と意見を繰り返せるというところがユニークな点です。

③定量リサーチ

　検証と実態把握が主な目的です。定性と違って、数字をベースにして、検証、そして理解をします。検証には、アンケート調査（質問票をつくって聞くもの）や、モデリングなどがあります。アンケート調査では、製品テストやコンセプトテスト、CMテストがあり、それぞれKPIに対してどうなのかを見て、そのコンセプトやCMを使うか使わないか決定します。また、定性リサーチから出た消費者ニーズ、態度、考え方について、どのくらいの市場規模があるのかという仮説を検証することにも使われます。

　それとともに、アンケート調査の結果や、メディア出稿量などのアンケート調査以外のデータを使い、統計的なモデリングで、検証することがあります。各マーケティング活動の全体の売上への貢献度をみて、それぞれの活動に使われた費用を計算し、ROI（Return on Investment：投資利益率）を検証するなどが一例です。

　実態把握のための定量リサーチにはアンケート調査、パネルデータがあります。パネルデータの例として売上実態、消費者購買行動の実態、視聴実態などを、あらかじめ設定したパネルでみるものがあります。インテージのPOSデータ、消費者パネルデータ、ビデオリサーチのテレビ視聴率データなどが主なものです。海外では、ニールセンのPOSや消費者パネルデータ、テレビ視聴率などがあります。また、最近は、ニールセンのNet Viewなどで、PCやスマートフォン

での視聴動向も見られるようになってきています。

マーケティング・リサーチの種類　　　　　　　　　　　　　（図表4－①）

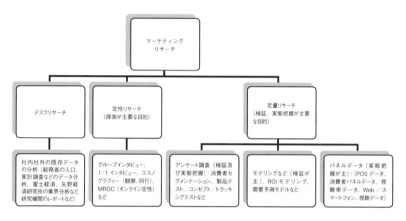

出典：著者作成

第4章　マーケティング・リサーチ

4-3. マーケティング・プロセス（新製品をベースに）と　マーケティング・リサーチ

　一つの製品を市場に出すには、マーケターが通る次のようなプロセスがあります。マーケターはそのプロセスの一つひとつで、多くのそして、様々な課題に遭遇します。マーケティング・リサーチは、それらを解決し、次になにをすべきか、消費者の真実を伝えることによって意思決定を助けます。

マーケティング・プロセスの六つのステージ

　マーケティング・プロセスは、次の順序で行なわれます。
　①環境分析とターゲット選定、②ターゲット理解、③マーケティング4P、④売上確認と予算配分、⑤コミュニケーション、その後、上市があり、⑥トラッキングとなります。
　各ステージにおける課題が（図表4－②、P80）のようにあり、それを解決するためにリサーチをします。書かれているリサーチすべてを行なう必要があるのではなく、図表の課題を参考にしながら、プロジェクトにどのような課題があるか、どれが重要なのかを決め、その課題を解決するために必要なリサーチを選択します。また、これらのステージは一方向のみのプロセスではなく、次のステージに進んだとしても、前ステージでの理解が足りなかったり、やり直す必要があったりした場合、行き来するプロセスです。では、各ステージをみていきましょう。

　環境分析で重要なのは、市場と消費者の理解、その結果として誰をターゲットにするかを決めることです。ここで、実態を理解する

POSや購買などのパネルデータが活躍します。それとともに、消費者にどのようなグループがいるのかを理解する、アンケート型定量調査である消費者セグメンテーションが使われます。

ターゲットを選定したら、次はそのターゲットを深く理解するステージへ進みます。ここでは、多くの探索型の定性リサーチが行われます。市場とターゲットを十分に理解したら、今度はターゲットが欲しているものをマーケティング４Ｐの観点から考えていきます。

まず、ニーズやウォンツに合う製品便益のアイデアを、アイデアジェネレーションなどを使ってマーケターがつくり、それについてターゲットのフィードバックをもらう定性リサーチを実施、その中からコンセプトづくりに活用するいくつかのアイデアに絞るための定量リサーチである、アイデアスクリーニングを実施します。

その後、製品便益、RTB（Reason to Believe：便益をサポートする理由、たとえば成分や、使用者の経験など）、価格、パッケージ、販売場所などの要素のはいった製品コンセプトを完成させます。そのためにもパネルデータやアンケート型のリサーチを使った価格分析や流通分析、さらにパッケージテストなども実施していきます。コンセプトがいくつかに絞れたら、そのコンセプトに対して消費者からフィードバックをもらう定性リサーチを行い、その後定量リサーチをして、最終コンセプトをどれにするか決定します。

製品の評価としては、アイデアやコンセプトをベースに製品がつくられ、最も適した製品を決めるために、アンケート型の製品テストを行ないます。消費者に製品を使ってもらって、アンケートでその評価を聞くリサーチのことです。その際にパッケージの使い勝手などに課題があれば、パッケージの使用感についても聞きます。コンセプトで訴求することと製品との間にギャップがないか気になる場合は、コンセプトテストに製品使用をつけて、コンセプト＆ユーステ

ストを行ないます。コンセプトを見て評価した人に、製品を使って
もらい、製品とコンセプトのマッチングや、製品の評価を聞くリサー
チです。4Pが決まると、どのくらい売れそうか需要予測モデルを使っ
てチェックします。その際、マーケティング予算をどのくらいかけて、
どのようなマーケティング活動を中心に行えば、目標を達成できる
のかもモデルによってチェックします。

　その後、具体的なコミュニケーション（コンテンツと媒体）を決め
ます。そのためにテレビCMの上市前の定量リサーチ、媒体選択の
ための定量リサーチを行います。テレビCMテストには、ミルウォード・
ブラウンのリンク調査などがあります。これらすべてが決定されると、
製品は上市されます。

　上市後、計画したことが市場できちんと行われているかをチェックし、
行われていない場合には、改善プランを立てる必要があるため、トラッ
キング・リサーチを実施します。アンケート型の定量リサーチで当
該製品の認知、使用感などを聞いたり、パネルデータでシェアや浸
透度のチェック、メディアデータでGRP（Gross Rating Point：延
べ視聴率）をチェックしたりします。また同時に、定期的にブランド
のパワーをチェックするブランド・エクイティ・リサーチも行ない、
ブランドの状態を把握していきます。

　どのプロセスのステージでも、「仮説」を立てるための「実態把握」
や「探索」、それを「検証」するということが行われます。また、上市
に近づくほど、「探索」のためのリサーチより、「検証」のためのリサ
ーチが増えてきます。なぜなら、上市に近いマーケティング活動で
あればあるほど、人的リソースとともに、マーケティング予算がより
多く発生してくるからです。現状把握のステージでは、プロジェク
トチームが設立されておらず、リサーチ部門やマーケティング部門
のみが分析を行なっていたりします。誰に、何を、どこに、どうやっ

て配置するかを含む大きな戦略が決まり、そこからアイデアを創造するころから、チームとしての活動が始まります。

　その後、４Ｐのステージになると、さらに多くの部署、そして人が関わるようになり、大きな予算が発生します。そこからさらに、コミュニケーションのステージになると、広告制作費、広告出稿費などの、とても大きなお金が必要になります。したがって、それを無駄にしないためにも、確実に「検証」を目的とした定量リサーチを行う必要が多くなってくるのです。たとえば、テレビＣＭなどは、制作費が何千万に及ぶこともよくあります。さらに出稿費は、何億円もかかることもあります。それらが、無駄にならないよう、オンエアする前にきちんとリサーチで検証していきます。
　マーケターの仕事は、上市したら終わりではなく、長期的な成功のために上市後も、計画がうまくいっているのか実態把握を行ない、絶え間なく改善していかなければなりません。また、上市後からの学びは、将来のプロジェクトのためでもあります。したがって、このマーケティング・プロセスは大きなPDCA（Plan、Do、Check、Action）を描いています。

第4章 マーケティング・リサーチ

マーケティング・プロセスと課題及びリサーチ

環境分析とターゲット選定

Market/Consumer:
- どこの国でビジネスをすべきですか？
- どのカテゴリーでビジネスをすべきですか？
- ターゲットは誰ですか、どのセグメントで？新規顧客？既存顧客？
- どこで売りますか？（チャネル）
- 新しく出てきているビジネス機会はありますか？どんなニーズがありますか？

Competitor:
- 競合は誰ですか？
- 競合の強み、弱みはどこにありますか？

Company:
- 自社の強み、弱みはどこですか？
- 競合に対して、優位性のある領域がありますか？
- 自社には戦う十分なリソースがありますか？

◆市場規模、将来の規模
◆売上、マーケットシェア状況
◆購買行動、使用実態、媒体接触、店頭行動、流通チャネル
◆トレンド（経済、社会、イノベーション、流行など）
◆消費者セグメンテーション

ターゲット理解

- 選定されたターゲットはどんな人で、どんな行動や態度をしていますか？
- 最も買ってくれそうなコアターゲットは誰ですか？
- なにが、キーニーズですか？
- ターゲットのキーインサイトはなんですか？

◆エスノグラフィー
◆1：1インタビュー
◆グループインタビュー
◆ターゲット体験

マーケティング4P

製品
- ターゲットのニーズにきちんと答え、競合に対して優位性のある製品ですか？
- 長期的に優位性のある製品ですか？

コンセプト
- ターゲットのインサイトをくすぐり購買などの行動を変えるコンセプトはどれですか？

パッケージ
- 製品、ブランドが伝わり、店頭で目につき、魅力的なのは、どんなパッケージですか？
- ターゲットが使いやすいパッケージですか？

価格
- ブランド力、製品力を考えて、最適とされる価格はいくらですか？

流通
- どの流通チャネルを使いますか？

◆製品テスト
◆アイデアジェネレーション定性
◆アイデアスクリーニングテスト
◆コンセプトデブロップメント定性
◆コンセプトテスト
◆コンセプト&ユーステスト
◆パッケージテスト
◆パッケージユーステスト
◆価格分析
◆流通チャネル分析

(図表4−②)

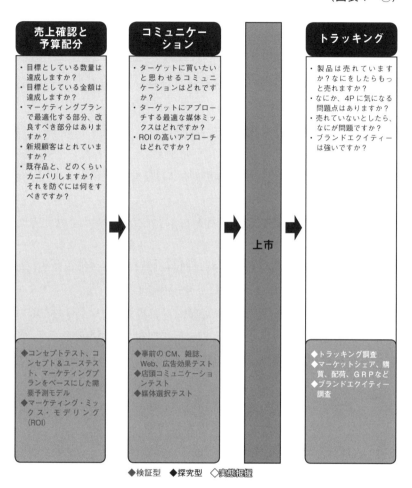

第4章　マーケティング・リサーチ

4-4. 意思決定の中に組み込まれたリサーチ

　本章の冒頭で書いたように、マーケティング・リサーチ及び、リサーチャーは企業の意思決定プロセスの中に組み入れられて初めて、そこで挙げた、三つの領域で活用されます。

　消費者を理解するためにグループインタビューを行なっても、「会議の場では、社長が、自分の経験ベースに決定している」、「CM案が事前効果測定の結果ではなく、誰かの主観によって決定されてしまう」、もしくは「効果測定でKPIをパスしていないのに、修正なしでオンエアされる」などのケースが少なくありません。そこにリサーチの結果と異なる選択をした正当な理由があればいいのですが、ない場合が多くあります。これでは、リサーチをしていても、マーケティング課題を解決し、企業を目標達成へガイドするという目的をもったマーケティング・リサーチをしたことにはなりません。そこで、リサーチを意思決定に使えるようにするために、社内の仕組みを整える必要があります。

マーケティング・リサーチのための組織体制

①プロセスの確立

　マーケティング・プロセスとリサーチのところで示した（図表4-②）のように、新製品を出すとき、及び既存のビジネスを改善するときのためのプロセスを決めます。そして、そのプロセスを軸として、製品を上市するために必要な関連部署が動くようにします。しばしば、何のためにプロセスがあるのかを忘れ、プロセスを進めることの

82

みに集中しているケースをよく見かけます。それを避けるためには、このプロセスの目的を常に心に留めておくことが重要です。つまり、リサーチ活用領域の、ニーズ、ウォンツを発見し、リスクマネジメントを行ない、結果を最適化するということを心に留めてプロセスを実行すること、そして、各ステージにおいて想定されるマーケティング課題をしっかり理解し、何を解決しようとしているのかを明確にしておくことです。これらを、しっかり理解しておけば、プロセスの本来の目的を達成できます。また、リスクや重要な課題がなければ、そのプロセスを飛ばすという判断も柔軟にできるようになります。目的や課題の理解は、リサーチ部門、マーケティング部門だけに必要なことではなく、マネジメント層を含むすべての主要関連部署の責務です。マネジメント層を含む、すべての社員が同じ土俵の上で、上市へ向かって進むことが重要なのです。

②KPIをベースにした意思決定

プロセスができたら、検証型リサーチを行う時に使うKPIが必要となります。このKPIをつくる、そして測る両方において、リサーチャーが重要な役目を担います。リサーチャーはKPIのオーナーであり、KPIに関しての以下のような責務を持ちます。

●KPIを何にするか

たとえば、消費者の言葉が最も反映され、結果として売上を最大化するようなコンセプトを決める際、コンセプトテストを行なうとします。最初に、売上を最大化する「よい」コンセプトとは、どんなコンセプトなのかを考えます。「購入意欲が高い」「好意度が高い」「理解しやすい」など、様々な項目が考えられます。その中で、それまでの消費者理解（定量・定性）をベースに、なにが一番成功を示唆す

るのか見極めて、それをKPIにしていきます。

●KPIの数値（データベースの構築）

なにをKPIにするかが決まったら、それをどうやって測ったら適切なのか、その方法を決めます。そして、具体的なKPIの数値を決めます。KPIの数字を決めるためにはリサーチの結果をデータベース化しておくことが必要です。成功した時の数字がいくつであったか、失敗した時の数字がいくつであったかを理解し、どの数字をもって成功とするのかを決めるのです。しっかりとデータベースを構築し、管理することは、正しいKPIの設定には不可欠なことです。自社でデータベースがない場合は、調査会社の手法を使って、そこにあるデータベースをもとにすることもできます。調査会社には日本中、世界中で、標準化されたリサーチ手法があり、データベースが構築されていることがあります。テレビCM効果測定のミルウォード・ブラウンのリンク調査、コンセプト評価と需要予測のニールセンのBASESなどがその例です。

●KPIをきちんととるためにどんなリサーチ設計にするのか

アンケート型リサーチの質問の中でも、KPIを取るための質問は重要です。まず、どうリサーチを設計すれば、正確にKPIを取れるのかを考えます。たとえば、同じ質問票を使ってもリサーチの対象を選ぶ条件が統一されていなければ、きちんとしたデータベースの構築は難しくなります。コンセプトテストをそのカテゴリーの購買可能性のある人で行ったり、そのブランドのターゲットで行ったりと、毎回異なる対象で行っていては、きちんとしたデータベースはつくれず、KPIも取れなくなってしまいます。

質問票のどこでKPIに関連する質問を聞くのかも考慮すべきポイントです。質問の順序が変わることによって、データの出方も変わ

ります。KPIの数字を得るためのデータベースをつくるリサーチは、標準化された質問票で行うことによりKPI、及びデータベースを管理できます。

KPIは進むか止まるかを決めるだけではなく、改善すべき点はどこなのか、さらに良くするためにはどうするのかを考える基準です。近年、KPIの役目は、後者のほうが重要となってきているので、理由を探れるようにしておくことが重要です。結果が良かった時、悪かった時に、その理由が説明できるような要因がなんであるかを考え、調査票にその項目を入れて設計することも考えておく必要があります。

また、KPIはKEYの（最重要な）基準であることを忘れてはいけません。KPIとは、ビジネス目標を達成するための基準の中で、最も重要なものです。社内で何十というKPIを持っているなどと聞くことがありますが、ほとんどの場合、KEYではなくてIndicators（指針）のリストです。KEYを決めなければなりません。このKEYのみにフォーカスする理由は二つあります。

1. なにがKEYでなにがKEYでないか消費者起点で見直す、チャンス

KEYがなんであるかを議論する過程で、成功の要因がなんであったか、失敗の要因がなんであったか、消費者を起点にしながら、じっくり考える機会を持てます。前述のコンセプトの例をとると、コンセプトを評価するKPIの候補として、購入意向、好意度、ユニークさ、魅力的か、説得力があるか、信じられるか、価格評価、キーメッセージが覚えられているかどうか、人に話したいと思うかなど、KPIの候補があったとします。その中で、どれをコンセプト評価のKPIとして使うのかを決めるために、過去の成功したコンセプトを分析し、どの要素が一番、市場での成功と相関があったか、どれがないのか、それぞれのKPI候補にお互いの関連性はあるのか、ないのかを吟味します。その

結果、KEYをいくつかに絞ります。

　それとともに、当該プロジェクトのコンセプトを評価するにあたって、従来のKPIに加えユニークに、なにか新しくKPIに入れるべきものがあるのかなど、そのプロジェクト特有の課題も吟味しながら決めていきます。たとえば、そのプロジェクトが、数多くのブランド、会社からなる細分化された市場にあるなら、製品名の記憶度を加えます。また細分化された多くのブランド、製品の中で目立たないと、認知度が上がらないのでユニークさの基準を高くするなど、KPIの追加や従来のKPIのバーをあげたりもします。

　「KEY」を決める過程で「市場・消費者購買構造の本質」が明らかになっていきます。

2. 覚えられないKPIは使っていないことと同じ

　KPIの数が多すぎて、関連部署そして、その社員が覚えられない時、KPIを基軸とした意思決定プロセスは形骸化します。覚えられないので、使わない、別の基準で判断する。議論をしていても想定しているKPIがバラバラで話が噛み合わないなどの事象が発生します。もし、KPIを覚えて使ったとしても、多くのKPIそれぞれを満たすために人が動くため、労力が分散され、一つひとつの質が担保されず、タイミングが合わなくなる確率が高まります。KPIは覚えられる程度の数にすることが、実際の業務において重要なのです。

③意思決定のためのリサーチを促す組織

　リサーチ業務もしくはリサーチャーがどの部署に帰属するかは、各企業によって異なります。電通マクロミルインサイトが２０１３

年に企業に行なった「市場調査の組織体制」についての調査によれば、回答した企業63社のうち41社がリサーチ部門は存在せず、マーケター自身がリサーチを行なう「分散型」で、残りの22社がマーケティング部門内、もしくはマネジメント直属のリサーチ専門部門でリサーチを行う「統合型」でした。

「分散型」のよい点は、課題に近く、課題を理解している人がリサーチをするため、日々の実務の中でリサーチを活かせるというところです。しかしながら、各部の中でそれぞれがリサーチをするため、標準化されたリサーチ体制、プロセスの管理、KPIのためのデータベース構築・管理に問題が起こります。

一方、「統合型」は、マネジメントのニーズに直結し、意思決定への貢献が大きく、標準化、データベースの構築・管理がスムーズになる利点がありますが、日々の細かいリサーチのニーズに「分散型」のようには対応することが難しいと思われます。

そのため、課題の解決、マネジメントによる決定への貢献、KPI構築の重要性などを鑑み、「統合型」「分散型」のハイブリッド型がいいのではないかと考えています。たとえば、リサーチ部門全体はマネジメントと直結し、マーケティング部門、セールス部門などから

<u>意思決定のためのリサーチを促す組織</u>　　　　　　　　　　（図表4－③）

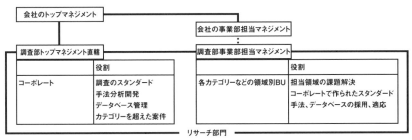

※実線→ダイレクトなレポート関係にある。

出典：著者作成

独立した組織となり、そのサブチームは、会社全体に関する課題や標準化などに携わるコーポレートチームと、関連部署内にデスクを持ち、日々のマーケティング課題に取り組む部門の両方から成るというのも一つの方法です。

4-5. リサーチャーの心得

リサーチ部門に所属する人だけがリサーチャーなのではなく、マーケティング部門にいてリサーチをする人、製品開発部門にいてリサーチをする人、セールス部門にいてリサーチをする人、または、調査会社でリサーチをする人、IT会社でリサーチをする人と、どこにいても、「リサーチをしている人がリサーチャー」です。どんな組織に所属していても、リサーチャーとはデータを提供するだけの人ではありません。ビジネスの意思決定に市場と消費者の真実を伝えることによって貢献するために、持つべき心得があります。現在、リサーチをしている人、これからリサーチをしようとしている人の参考になればと思います。

リサーチャー四つの心得

①信頼できるデータ、適したデータを見極める人である

リサーチの対象者は、母集団の中から、ある一定数の人を集めてくるサンプリングであったり、ある一定のパネルから選ばれた人であったりします。したがって、全集団である現実とまったく同じ数字をとることはできません。そのためリサーチャーは、そのデータがどのような性質のデータであるかを理解して、当該マーケティング課題に

適したデータであるか判断することが必要です。特に定量リサーチの場合は重要です。

　たとえば、当該マーケティング課題が、洗濯洗剤の、あるニーズセグメントの大きさを理解し、ターゲットセグメントとするに値するだけの大きさがあるかどうかを見るとします。アンケート型のリサーチで、普段買う洗剤の価格や年間の購入頻度をとれば、金額ベースでのセグメントの大きさは出てきます。しかし、たいていの場合は、ここで述べられた価格や頻度は実際とずれていたりします。それは、一年分のことをはっきり覚えていない、だいたい2ヵ月に一回というようなことをベースに計算してしまうなど、様々な理由があります。もし、この数字をそのまま使えば、そのセグメントのサイズは実際より大きくなったりして、戦略の判断を間違えさせてしまうのです。

　購入頻度などの把握に適しているのはアンケート型ではなく、インテージやニールセンが行っている消費者パネルデータというものです。そこでは、実際の購買履歴が記録されていきます。したがって、アンケート型調査で聞いたデータより、購買価格や購買頻度などについては、正確性が高くなります（もちろん消費者パネルデータにも記入忘れなどがあるため、１００％正確ではありませんが）。とはいえ、そのデータは、ニーズでのセグメントごとには分かれていません。したがって、リサーチャーはそれぞれのデータの特性を理解し、セグメントの大きさを計算する際、アンケート型調査で得た数字と消費者パネルデータを使って、できるだけ正しいデータを導きだしていく力が必要です。

　もう一つ例を挙げると、自ら設計した定量リサーチのデータは、そのデータの特性を自分でも理解できますが、ソーシャルメディアのコメントなどは、どんな傾向のデータなのかは、自分ではわかりません。手軽に手に入るからと、そのデータの素性を理解しないままに数字を使うと、間違った判断を導いてしまう可能性があります。データ

の特性を理解し、当該課題のために適しているのか、どのような点に気をつけて使わないといけないのかを、理解しておくことが必要です。どれが当該課題について最も信頼できるデータなのかを見抜き、適切に使えるようになることは、リサーチャーの重要な任務であると心得ておくべきです。

②客観的に見られる、聞ける人

　マーケティング部の人は、自分の担当プロジェクトを上市したくてたまりません。定性リサーチで、コンセプトの良い所ばかりを聞いてしまうかもしれません。製品開発部の人は、現行製品より、どのくらい改良できたかに興味があったり、自分がつくったものが一番だと思ったりしているかもしれません。それが消費者に気づいてもらえないような、あまりにも専門的な領域での改良であったとしても、価値があるに違いないという目で結果を読んだりしてしまうかもしれません。KPIを決める時も、自分が開発、改良した製品が勝つように設定してしまうかもしれません。リサーチャーは、どんなときでも、消費者の真実の代弁者でいなければなりません。消費者がなにを求めているのか、データを客観的に見て、消費者の真実の声を聞ける人であることが大切です。

③消費者インサイト発見のガイドとなる人

　リサーチャーは社内において、ほかの誰よりも、最も近くで消費者の行動を見て、最も頻繁に消費者の発言を聞いています。そして、そこにあるインサイトが何であるか繰り返し議論し、提案しています。それは、インサイト発見のガイドとなるだけの経験を積んでいるということです。また、意識的にそうなるべく、一回一回のリサーチを通じて、自分を鍛えていくことが重要です。実際の経験と、常に「なぜ？」と疑問を持って消費者に対する気構えを持つこと、ベースとなる市

場全体、カテゴリー全体の知識と知見を積んでいくことがインサイト発見のガイドとなる助けになると思います。

④現実的なマーケティング・アクションにつながるリサーチをする

リサーチャーの仕事の最終成果物は、「提案」です。そして、それは、課題解決、目標達成のための現実的なアクションに結びつくものでなければなりません。「現実的な」と「アクション」がキーワードです。コンセプトテストを行ない、購入意向で高い数字をとるだけであれば、複数の便益を加えれば数値は上がります。複数の便益が入っていれば、それを求める人数が増えるからです。しかし最終的に、ターゲットの便益を伝える手段が15秒のテレビCMであった場合、コンセプトテストの時と異なり、すべての便益を理解してもらうのは困難です。リサーチャーは、複数の便益を見せるのではなく、その中で一番強いものはどれか、その一番強いものをコアにして、ほかの便益との共通点を発見し、シングルマインドの便益をつくり上げていくための提案をすべきです。

ある製品を市場に出したあと、計画したように売れているか、認知度や使用率はどの程度か、製品はどう評価されているのかなどを見て、うまくいっていないところを直す目的でトラッキング・リサーチをします。そこでの提案が、「認知度を上げましょう」「テレビCMを変えましょう」「店頭での認知度を上げましょう」と4Pのすべての要素だったりすることがあります。

本来、提案として欲しいのは、認知度を上げるためにどんなアクションをしたらいいか、テレビCMのどこを変えればいいのか、店頭での認知度を上げるためにはなにをすればよいのか、パッケージに問題があるのか、POPなのか、山積み陳列が無いことなのか、と具体的な内容です。そして、一番大切なことは、実際のビジネスに直結する、最も重要なアクションを知ることです。現実的なアクショ

ンに結び付けられるようなリサーチを設計し、提案することを心得としておくべきです。マーケティング・リサーチは、マーケティング課題に直結してはじめて、その存在意義を持つのです。

4-6. デジタルテクノロジーによる 新しいリサーチの出現

ニューロ（脳科学）リサーチ ― Askしないリサーチ

　定量リサーチと定性リサーチはどちらも、質問票を使ったり、インタビューを行ったり、対象者に聞いて答えをもらうリサーチの手法です。ずっと以前から、この手法には限界があると言われていました。「人の、論理的に説明できない無意識のなにかによって、規定されている行動を把握できないのではないか」と考えられていたからです。

　そのような課題を解決する一つの方法として脳科学を適用するニューロリサーチがあります。オバマ大統領が、一般教書演説でゲノムプロジェクト及び、脳神経の理解、そして知覚、行動、意識へのインサイトを得ることを推進する、と話したことも、脳科学が注目を集めた要因のようです。

　ニュースサイト・Advertimes 2015年4月25日掲載記事によると、ニールセンの脳科学者である辻本悟史氏（京都大学准教授）は「人の意思決定や行動は無意識に左右され、本人も気づかずに意思決定や行動をしている。そのため、人が意思決定や行動をした理由を科学的に解き明かすには、脳活動を調べることが必要」と述べています。

　このニューロリサーチの具体的な手法の一例として「ニールセン　ニューロ」があります。脳波測定とアイトラッキングを組み合

わせた手法で、ラボ内に設置された計測ルームで、脳波と視線の動きを測ります。脳波は３２個のセンサーで採られ、各センサーが毎秒５００回計測します。測定された脳波は独自のアルゴリズムでデータ化され、そのデータは脳科学だけではなく経営学者やマーケターからなる専門チームにより、マーケティングに使える指標として分析されます。その際には、世界中で行われた調査のデータベースと比較することにより、良し悪しの判断を行ないます。テレビCM評価、コンセプト評価、製品開発、パッケージ、インストア施策、ブランディングなど幅広いマーケティングの領域で適用されています。

サンプリングからパネルへ、そして全数へ

アンケート型の定量調査は、もともと母集団から乱数表などを使ってランダムサンプリングを行ない、対象者を集めてアンケートを取っていました。そのあとは、事前にリサーチの対象者になるためにパネルとして登録された人の中から、対象条件にあった人を抽出してアンケートを取るようになりました。現在、インターネットで実施されている調査のほとんどは、パネルを使う調査であると考えられます。これと対極にあるのが、国勢調査のように全人口に対して行われる全数調査です。

サンプリング及びパネルを使う調査では、数字を比較する時に有意差検定という統計手法を使って比較することになります。たとえば、あるリサーチの結果で、製品Aの全体評価で「よい」が３０％、製品Bが３５％であっても、単純にBが優れているとは決定できず、その差が本当に有効なものかを判断するための有意差検定を行なわなければなりません。結果として「差異なし」となることもあります。
特に行動理解において、最近ではカード会員や、SNS会員の行動

をトラックすることも技術的に可能となってきています。SNS会員の場合、書き込んだコメント、ネット上での行動、カード会員の場合は、購買履歴、オンラインショッピングでの行動及びネットでの情報収集履歴などのデータをマーケティングに活用することもできます。その会員数が何千万人もいるため、そこから取れる行動データなどは、ほぼ全数に近くなっています。また、継続的にデータを取れるため、長い期間に対象者がどのような行動をしていたのかも、わかるようになってきました。

　たとえば、オンラインで買い物をした人に「買い物をするまでにどんなサイトを閲覧したのか」をアンケート型リサーチで聞くとします。結果には、そのブランドのホームページ、検索サイト、クチコミサイト、などと上がってきますが、実際の行動を見てみると、本人も忘れているようなサイトに訪問していて、実はそれが購買を決める一番の要因になっていた可能性もあります。このようなテクノロジーによってマーケターは、消費者の行動をより正確に把握できるようになり、マーケティング施策を考えるためのよい情報を得ることができるようになります。とはいえ、そのまま使えるわけではなく、前述のリサーチャーの心得で書いたように、そのデータの特性を理解し、必要であればウエイトをかけるなどの処理、ノイズの処理などを行い、解釈の際に気をつけることなどを認識したうえで使うことが、ほかのデータと同様に大切なことです。

MROC（Marketing Research Online Community）オンライン定性

　定性調査は、これまでインタビューをする場所に来てもらう。もしくは、調査員が家を訪問する、店に一緒に行くなどし、たとえば2時間などと、ある一定の時間を区切って行われていました。一方、MROCは対

象者が、家にいる状態で、かつ長期にわたって定性リサーチに参加できるところにユニークさがあります。これにより、

　①他の人の意見を聞いて知ったことを、チェックしてフィードバックできる。

　　例：洗濯の工夫を聞いて自分でもやってみて、話す。話で聞いた製品を店頭でみたり、サンプルを使ってみたりして話をするなど。

　②うまく表現できないことを写真や動画を共有して話せる。

　③どこかへ行く時間のない対象者も参加できる。

などのメリットが生まれました。

　特に、製品を使用した感想などのフィードバックは、本人が実際に使用する現場でコメントしてもらうことになるので、準備した場所や店舗などで行われた時よりも、リアルな発言がとれる可能性が高まります。

4-7. 第4章のまとめ

□マーケティング・リサーチは意思決定プロセスに組み込む

　マーケティング・リサーチは、企業が顧客のための価値を創造するため、企業と消費者をつなぎ、企業を消費者ベースの方向へガイドする役目を果します。そして、それは、消費者起点のマーケティングの要となるもので、意思決定のプロセスの中に組み込まれて初めて活きてきます。したがって、消費者起点のマーケティングを実施するためには、必要不可欠なものです。リサーチが意思決定とは関係ないものであっては、その三つの役目であるニーズ、ウォンツの発見・発掘、リスクマネジメント、オプティマイゼーション（最適化）を十分に発揮することができません。意思決定に直結するようにしていくことが重要です。

□リサーチを活かせる仕組みづくりが重要

　プロセスの構築、KPIをベースにした意思決定をする仕組み、リサーチを活用する組織体制など、リサーチを活かすための仕組みをつくることは、リサーチを実施することと同じくらい重要なことです。どんなリサーチ手法があるか、どう分析するかに加え、企業全体で、どう活かすのかを考えて、その仕組みをつくらなければなりません。

□リサーチの目的を明確に

　リサーチには、デスクリサーチ、定量及び定性リサーチ、そしてその中には探求を目的としたもの、検証を目的としたもの、実態把握を目的としたものがあります。上市に近づくほど検証のための定量リサーチが多くなります。それは、上市に近づけば、人やお金の

リソースが増えてくるため、間違った判断をした時のリスクが大きくなるためです。プロセスの各ステージの課題を理解し、その課題を解決するための適切なリサーチを選択することが重要です。

□リサーチャーは市場・消費者の代弁者

リサーチをするものは、誰でもリサーチャーです。リサーチャーは市場・消費者の代弁者であり、ガイドです。きちんとガイドするためにも、いつも心にとめておくべきことがあります。①信頼できるデータ、適したデータを見極める、②客観的に見る・聞く、③消費者インサイトの発見のガイドとなる、④マーケティング・アクションにつながるリサーチをする。また、KPIのオーナーとして、消費者の声を反映し、成功に導くKPIをつくるデータベースの構築、管理を担います。

□デジタルテクノロジーとリサーチ

デジタルを中心とした技術革新によって、リサーチも変化をしています。「脳波」ベースにしたニューロリサーチ、サンプリングや新たにアンケートを必要としないビッグデータの分析、MROCなどが登場しています。マーケターが生活者の真の姿をつかむために、こういった新しい手法の活用が、今後増えてくるかもしれません。

<了>

第 5 章

環境分析と
ターゲットの選定

執筆：ニールセン ディレクター

東浦和宏

第5章　環境分析とターゲットの選定

5-1. 環境分析とターゲット選定の目的

　環境分析やターゲット選定は、事業目的の設定、そのためのマーケティング戦略の立案、そして戦略をベースとする具体的なプラン（戦術）の立案の、様々な局面で必要とされます。中でも一番深く、そして精緻に分析する必要があるのは、マーケティング活動の最も上流である戦略立案です（マーケティング・プロセスについては、第4章マーケティング・リサーチの章のマーケティング・プロセスとマーケティング・リサーチを参照）。

　つまり、どこで（どの国、どの地域で戦うのか）、誰に（ターゲットは誰にするのか）、なにを（どのカテゴリーを選ぶのか、新しいカテゴリーを創造するのか、どんな製品を、どんなサービスを提供するのか）、どうやって（どんな流通、どんな媒体を使うのか）という、これからのプロジェクトの大きな方向性を決めることが、その主な目的です。

　ここでいう戦略では、目的のためになにを「する」かを決めることは、もちろん大切ですが、なにを「しないか」を決めることは、特に重要です。企業のリソース（人、お金）は、限られています。企業もすべてにおいて強みと、競合に対しての優位性をもっているわけではありません。したがって、その決められたリソースの中で、その企業の良さを最大限に生かし、他社に勝っていくには、「しないこと」を決め、「すること」に集中することが重要となります。

　「集中する部分」を決めるために、当該企業が現在どのような世界にいて、どの立ち位置にいるのかを知ることが必要となるため、環境分析が重要となってきます。戦略が想定する期間は、4〜5年

以上の長期的なものです。

　環境分析やターゲット選定は、あるプロジェクトのマーケティング戦略及びプランの立案だけではなく、その企業がなにを目的として存在するのかを決めるためや、その目的を遂行するための経営戦略、そして経営戦略に基づく各事業の目的及び戦略の立案のためにも使われますが、ここでは、あるプロジェクトを上市するためのマーケティング戦略立案を想定して述べていきます。

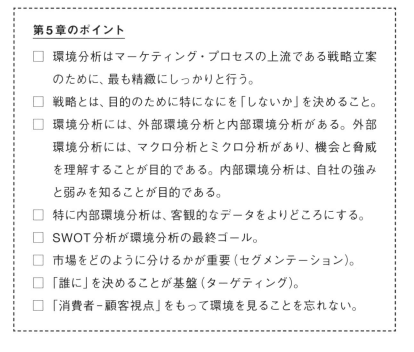

第5章のポイント
- ☐ 環境分析はマーケティング・プロセスの上流である戦略立案のために、最も精緻にしっかりと行う。
- ☐ 戦略とは、目的のために特になにを「しないか」を決めること。
- ☐ 環境分析には、外部環境分析と内部環境分析がある。外部環境分析には、マクロ分析とミクロ分析があり、機会と脅威を理解することが目的である。内部環境分析は、自社の強みと弱みを知ることが目的である。
- ☐ 特に内部環境分析は、客観的なデータをよりどころにする。
- ☐ SWOT分析が環境分析の最終ゴール。
- ☐ 市場をどのように分けるかが重要（セグメンテーション）。
- ☐ 「誰に」を決めることが基盤（ターゲティング）。
- ☐ 「消費者−顧客視点」をもって環境を見ることを忘れない。

環境分析とターゲット選定の種類とフレームワーク

　環境分析には、二つの分析領域があります。それは外部環境分析、内部環境分析です。外部環境分析は、1）マクロ環境分析、2）ミク

ロ環境分析に分かれています。ミクロ環境分析には、市場分析、競合分析、消費者分析が含まれます。本章においては、市場分析の中で市場を理解するための消費者分析にもふれ、消費者分析の中では、消費者セグメンテーションを中心に話します。

環境分析の概要と全体像　　　　　　　　　　　　　　（図表5－①）

外部環境分析		内部環境分析
マクロ分析	ミクロ分析	
Politics（政治要因） Economics（経済要因） Society（社会要因） Technology（技術要因）	市場 競合 消費者	ブランド・エクイティ 4P 組織 など

出典：著者作成

5-2. 外部環境分析

1）マクロ分析

　政治、経済、社会、技術革新などの市場全体や、事業構造全体に影響を及ぼす情報を知るための分析です。社会構造の大きなムーブメントの分析であるため、プロジェクト上市のためのマーケティング戦略というより、より大きな視野に立つ経営及び事業戦略などに使われることが多いものです。マーケティング戦略の立案の場合も、市場全体の動きを左右するような大企業に、より必要とされ、中小規模の企業の場合にはマクロ分析は浅めに行い、必要とされるも

のだけに絞っても良いでしょう。

　分析のフレームワークとしては、PEST分析があります。PEST分析とは（図表5－①）に記載したPolitics（政治要因）、Economics（経済要因）、Society（社会要因）、Technology（技術要因）の分析を指します。

　Politics（政治要因）においては、法規制や税制の改正などの分析が挙げられます。排気ガス、CO_2の規制、消費税率の改正などがここに入ってきます。

　Economics（経済要因）では、景気動向、GDP、インフレ、デフレ、家計支出、為替、金利、株式の状況などを分析します。

　Society（社会要因）では、人口動態（人口数、世帯数など）、ライフスタイル、価値観などを調べます。人口動態は、物の消費量に大きく影響を与えます。特に日用品などは、人口が増加すれば自ずと消費量が上がりますが、減少した場合にはそれが見込めなくなるため、市場を拡大させるためにはプレミアムな市場を創造する、または、より使用頻度を上げるような施策が求められます。

　Technology（技術要因）では、自社製品の改良に関わるような技術、もしくは、自社が新しく市場に出していこうとしているイノベーションのための技術、競合の技術などを理解します。また、技術革新は、製品だけではなく、多岐にわたっています。たとえば、今やテレビの番組は、テレビだけではなく、パソコン、スマートフォンなど複数のプラットフォームで閲覧することが可能です。Webサイト、SNS、動画を使ったコミュニケーション技術も、どんどん新しいもの

が出てきています。流通・販売においても、ネット販売やオムニチャネル化などの新しい形態が著しい成長をみせています。したがって、製品回りだけではなく、より広範囲に調べていく必要があります。

2）ミクロ分析

● 市場分析
　市場分析の目的は以下の内容を通じて「市場構造」を理解し、戦略に結び付けていくことです。

・その市場は収益を生み出す「魅力的な場所」であるか？
・すでに参入している市場であれば、どこに収益を生み出す「機会」があるか？
・その市場が成熟している場合には、新しい市場を「創造」する必要性があるか？
・その市場の中にまだ機会があるか、逆にどこかに「脅威」があるか？
マクロ分析と比べると戦略と直結する分析です。

具体的には、下記のような点を調べます。

・その市場の現在の規模、5年ほど先までの成長度。

・サブセグメント（高価格帯、中価格帯、低価格帯など価格帯ごと、ニーズ別など）の市場の規模とこれから5年ほど先までの成長度。

・その市場の成長もしくは縮小の原因。カテゴリー消費者である「人」の増減が影響しているのか、高価格帯や低価格帯へ購買がシフトしているから市場の規模が増減しているのかなど、そ

の理由を「人」をベースにして把握する（この部分は消費者分析でもある）。

・新しい市場の創造の必要性がある場合、その新しい市場の規模を把握する。

・収益性及びコスト構造（大規模な工場設立が必要なコストのかかる市場か、コンピュータ上で製品ができてしまうような低コストの市場なのか、細分化された市場で認知度を上げるためにメディア予算がかかるのか、など）。

・流通構造を把握する。

これらを分析するために様々なデータがあります。

　市場規模、成長を見るためには、POS（Point of Sales）データといわれる販売時点での売上データ、つまり各販売店舗での売上を合計し、日本なら日本での総売上個数及び総売上金額を見ます。将来の成長度合いは、過去のPOSデータをベースにして、人口動態などのマクロ分析の結果を取り入れながら推測します。このデータからは各流通チャネルの規模、成長なども把握できます。
　主なデータとして、日本市場についてはインテージのPOSデータ（全国小売店パネル調査：SRI）、海外市場については、ニールセンのPOSデータ（Nielsen Retail Measurement Services：RMS）があります。これらでカバーされていないカテゴリーもしくは、これらのデータの購入が難しい場合、富士経済、矢野経済研究所などの業界研究本などが役に立ちます。

市場規模を見る際、時折、売上規模に直結するため、金額ベースでのデータのみを見ているケースが散見されますが、個数と金額の両方を見ることにより、市場の状況を把握することが重要です。金額ベースで市場が拡大していても、それが単価の上昇による場合、個数ベースでは縮小している場合があります。個数ベースでの縮小は、コスト構造に影響を及ぼします。ある一定の個数の生産を満たせない時には製造単価が上がるからです。それは、しいては収益構造に影響します。したがって個数、金額両方をおさえておくことが必要です。

もう一つ注意すべきことは、POSデータは市場にある100％の販売店舗をカバーしているわけではなく、データの数字は実際の数字といくらかの乖離（かいり）があることを念頭におくことです。自社の売上目標設定に使う場合は、この乖離を調整することを忘れてはいけません。

市場の規模、成長の「原因」を見るためには、市場だけではなく人についての分析も同時にしていく必要があります。たとえば一つのデータとして、購買履歴データと呼ばれるものがあります。日本では、インテージのSCI（全国消費者パネル調査）、SLI（全国女性パネル調査）、海外では、ニールセンのCPS（Consumer Panels）が主要なものと思われます。POSデータは売上のデータであり、そこには人の要素はほとんど入っていません。戦略によって行動を変えるのは、消費者及び購買者である人なので、人の行動ベースに落としていって論拠を明らかにします。購買履歴データを見ることにより、市場が拡大もしくは縮小しているのは市場浸透率（購買している人の割合）、購買頻度、一人当たりの購買個数、購買単価の増減のどれが影響しているのか、その背後にある購買者の行動から理由を知ることができます。また、何歳くらいの人が買っているのか、家族の

人数が何人いる人が買っているのかなど、主要購買者のプロフィールも把握することができます。これらの分析によって市場全体の特徴が見え、具体的な戦略を立てることができます。市場の成長の原因が浸透率の増加ではなく、購買単価のアップによるものであったなら、それ以上の大きな成長の期待をすることは難しく、新規市場の開拓も戦略の視野に入れることが必要かもしれません。

　メディアの接触と購買をつなげたi-SSP(インテージ シングルソース・パネル)も、消費者の行動全体を測り、購買につなげるにはどんなメディア施策を講じたら良いのか調べる際に、役立つデータです。

　新しい市場の発見は、こういったサブセグメントに機会があるのではないかと仮説を立て、その規模や成長、背後の購買者の行動を前述のデータなどを使ってチェックすることで見つけることができます。まったく新しい市場の発見は、このあとに出てくる消費者セグメンテーションなどを通じ、新しいニーズから考えられるカテゴリーを見つけ、その規模を確認します。

●競合分析

　競合分析には二種類の目的があります。一つは成功している競合の方針を分析して、その成功要因から学ぶこと。二つ目は新しい競合の発見も含めた、競合からの脅威を理解することです。成功要因を調べる場合は、競合の売上、市場シェア、マーケティング活動、製品開発、ビジネスモデルなどを分析します。データソースとしては前述したPOS、購買履歴データ、業界研究本に加え、競合企業のホームページ、競合企業に関連した書籍があります。二つ目の目的である「競合の脅威」は、後述の内部環境分析、すなわち、自社の分析を行い、上記のようなデータと比較することで明確になります。

　競合分析の注意点は、「競合を見過ぎない」ことです。相手のこ

とを見過ぎ、真似をすることになっては戦略立案の目的である、決められたリソースを最大限に活用して、優位性をもって成功することができなくなります。それとともに企業が本来「提供」をすべき相手である、「消費者／顧客」を見失うことになります。これを回避する方法は、①「消費者／顧客」がすべての戦略の中心であることを忘れず、消費者及び顧客の視点で必要と思われる点を中心に見る。②自社の４Ｐに関わるマーケティング活動についてトラッキング・リサーチを行い、自社の過去データをデータベース化し、独自の数量化された判断基準をもつことが助けになります。

● **消費者分析（消費者セグメンテーション）**

　製品・サービスなどを提供した時に対価を払うのは、それを購入してくれる顧客です。対価は顧客が必要としていて、さらに満足しているものに対して払われます。したがって、顧客となる可能性のある消費者全体に、どんな潜在的及び顕在的なニーズやウォンツがあるのかを知ることが重要です。また、ニーズやウォンツはすべての消費者において一様ではないので、それぞれの要望を知るため、同じようなニーズをもった消費者をグルーピングします。これが、消費者セグメンテーションです。

　グルーピング後のステップでは外部分析と内部分析（企業の強み、リソースなど）に照らして、その中で最も自社が勝てると思われるセグメントを選びます。これがターゲットの選定です。これらの分析は、戦略の「誰に」を決定するために行われます。「誰に」が決まらないと「なにを」「どうやって」を決めることができないため、戦略立案の基盤となる重要な部分です。たとえば、身近なことに置き換えてみると、私たちにとっても、誕生日プレゼントをあげるという目的を達成する時、「誰に」がわからないと、「いつが誕生日で」「どんなプレゼントを」、

「どうやって」あげるのかが決まらないのと同じです。

　消費者を細分化する「切り口」として代表的なものに、①地域（国、都市など）、②デモグラフィックス（年齢、世帯規模、ライフステージ、所得、海外の場合は宗教、社会階層など）、③消費者ニーズ（顕在的及び潜在的な製品、情緒的ニーズなど）、④購買行動（購買決定行動、購買及び使用経験、使用頻度、使用製品群、購買量など）、⑤態度（価値観、ブランドへの態度など）があります。

　なにをベースにおいた場合でも、一つの「切り口」だけを見ればよいのではなく、それぞれのセグメント属性を理解するために、上記のほとんどの「視点」で分析していくことになります。

　なにかを上市する時、製品・サービスに直接関わる、顕在している、もしくは潜在的なニーズを把握することが必要となるため、「消費者ニーズベースのセグメンテーション」を行うことが多くみられます。しかしながら、なにをベースにセグメンテーションするかは当該プロジェクトの目的を鑑みて決める必要があります。

　一つの例ですが、あるヘアケア・ブランドの調査を紹介します。今まで顧客のリピートが高くロイヤルティも高かったのですが、それが落ちてきているのが売上減少の原因であるとわかりました。そのような場合は、ロイヤルティをベースにして顧客をセグメントして、ロイヤルティの低い顧客グループでターゲットにするセグメントを決め、戦略の立案をします。

　「ニーズ」のセグメンテーションをベースに消費者をセグメントする方法として、おおまかに次のようなステップが挙げられます。

①どんなニーズがあるのか仮説を立てる

　市場分析で見たPOSや購買履歴データ、そして、実際のストアー

チェック、カテゴリー消費者でのグループインタビューなどの定性リサーチ、お宅訪問などの観察をもとに、市場にはどんな顕在的そして潜在的な「ニーズ」があるのか洗い出します。商品の購入後の満足度・不満度、満たされないニーズだけでなく、商品が世に出て初めて気づくニーズについても仮説を立てます。この洗い出しによる探索が、次の定量リサーチでの検証のベースとなるため、大変重要です。ここで市場全体のニーズをできるだけ網羅しないと、定量リサーチの結果がゆがんでくることになります。

たとえば、定量リサーチの結果をベースにクラスター分析などのような統計解析手法（異なる性質をもったものが集まる集団から、互いに似たものを集めてグルーピングする手法）を用いても、差異が明確となるグルーピングができなくなったりします。各セグメントの市場規模を確認する際にも、重要なセグメントのニーズが漏れていると、その部分がほかのセグメントへ振り分けられてカウントされてしまい、規模の確認にブレが生じることもあります。

②定量リサーチによる各ニーズの存在とその規模の確認

それぞれのニーズを説明する文章を調査票に記載し、重要度や満足度を聞くことによって、市場にはどんなニーズがあり、それが、どのくらい求められていて、人口規模、金額規模でどのくらいであるかが理解できます。各セグメントの属性を深く理解するために、デモグラフィックス、行動、態度などに関する質問を入れておきます。当該カテゴリーへの支出を聞くことにより、各セグメント間での相対的な金額ベースでの市場規模も把握することができ、規模の情報とともに、ターゲット選定をする際の有益な情報となります。

特に、リサーチの調査票で選択肢となる部分、すなわち消費者のニーズを表現する文章には留意が必要です。また、このセグメンテーションのリサーチの結果によって決められるターゲットは、全社

でこれから使っていく戦略の核であるため、選択肢は調査会社へ全面的に任せずに、必ず自社のマネジメント及び戦略決定に関わる、それを実施する部署の意見を反映させます。自社内マネジメント、実施部署と調査会社両社が合意するというステップを踏むことによって各部門が今までの経験から知りえた市場の情報が反映でき、さらに、調査結果について全社で責任を持つ体制がとれ、結果への理解が浸透します。それがあって初めて、結果を有効活用し、実際の戦略立案へ直結したものとすることができます。

　分析方法としてはクロス集計とともに、前述したクラスター分析などの統計解析も使われます。セグメンテーション分析は一度分析をすれば終わりではなく、各グループのブランドや製品の選択などにも違いがあり、それが行動や態度にも現れるまで何度も分析をします。各セグメントの属性レベルでの特徴が出てこない場合、属性に違いが出るレベルまでさらに細分化したり、セグメントを統合したりして、違いが識別可能になるまで調査を繰り返すのです。そのような分析の繰り返しの中で、新しいニーズのセグメントが出現することもあります。

③どのセグメントが企業の売上、収益を上げるために魅力的か判断する

　基本は自社の売上、収益目標を満たすだけの規模と成長率、さらに自社や競合の状態を加味して、成功の確率というアングルで判断します。

　　　── そのセグメントの規模（人）と成長見込み
　　　── そのセグメントの規模（金額）と成長見込み
　　　── 自社の資源（製品・サービス開発力）
　　　── そのセグメントでの競合の強さ
　　　── 4Pでのアプローチの可能性

などを判断基準に使いターゲット選定をします。

5-3. 内部環境分析（自社の強み弱み）

　機会や脅威を中心として分析していく外部環境分析とは異なり、自社の強み弱みを理解するのが内部環境分析です。これまでにも何度か触れましたが、内部環境分析をすることによって、外部環境分析で見つけられた、どの機会で最も強みを生かせるか、もしくは強みを生かせるような可能性があるかを理解でき、戦略を決める、つまり、選択することができます。内部環境分析をする項目としては様々なものがあります。売上、シェアなどは外部環境分析の際におのずと見えてくるので、下記から省きます。

・コーポレート・エクイティ、ブランド・エクイティ
　自社のコーポレート・エクイティ、ブランド・エクイティがカテゴリー全体において、競合に対してどのくらい強いか弱いかを理解します。これが強いと価格の設定を競合に対して高めにすることが可能となります。

・4P（Product：製品―製品開発力や製造過程、製造コストなども含む、Price：価格、Place：流通、Promotion：プロモーション活動）においての競合に対しての優位性。

・組織には、どのくらい「強さ」をさらに強化し、「弱み」を軽減する力があるか（グローバル化の程度、意思決定のスピード、成長する組織の仕組みがあるかどうか、人材の教育、確保など）。

内部環境分析における客観的なデータの必要性

　外部環境分析、内部環境分析の両方に必要ですが、内部環境分析のほうが客観的なデータ、消費者ベースのデータを蓄積しておく必要性が高くなります。その理由としては、下記が考えられます。

1）自社のことを知っていると思い込んでいる場合がある
　長年にわたって続く老舗などは、長く存在しているからという理由で「コーポレート・エクイティが他社に比べて強い」と思い込んでいる場合があります。しかしながら、すでに「その優位性は過去のもの」ということもあるのです。

2）異なる部署が異なった土俵で異なる見解を持った時、会社としての見解の合意がとりづらく、戦略を組み立てづらくなる

3）会社視点で分析してしまう
　戦略を立てるのは、「消費者／顧客」のためであるにもかかわらず、会社視点で見てしまう。たとえば、こんなことを聞いたことがあります。「製品の性能について自負している会社が新製品を開発した。顧客の中でその改良に気づく人は、ほとんどいないくらいのわずかな改良である。また、その改良のためには、相当な技術力を必要とする。そのため、会社としては『製品技術力』を現在の強みであると思っている。しかし、顧客は、そうは思っていない」。
　理由はその改良点が、顧客には認知できない程度のものであったからです。会社としてはミクロレベルの改良ができることから、「技術力」があると思ったわけですが、顧客はそのように捉えていないことを「強み」にするという間違った戦略を立てることになります。
　年に一回、各ブランドについて一年を振り返って、なにが成功の

秘訣で、なにが失敗の原因だったか、全社的にレビューをするとデータベースがたまり、会社の強み弱みが客観的になっていきます。売上、シェアとともに、ブランド・エクイティや4Pに関連するブランド・ベースやプロジェクト・ベースでのトラッキング・リサーチが助けとなります。

5-4. 外部環境分析と内部環境分析の統合した具体的な戦略づくり

　外部環境分析は「機会」（Opportunity）、「脅威」（Threat）を明らかにし、どんな可能性があるか探るものです。内部環境分析は「強み」（Strength）と「弱み」（Weakness）を知り、どれが最も会社の売上、収益を伸ばすための可能性がある機会なのか選択するためのものです。その環境分析の全容を見るために、SWOT分析というフレームワークがあります。（図表5－②）のそれぞれの枠に消費者及び顧客視点からの数個の重要なことを入れることができれば、環境分析は終了します。

　この環境分析をしっかりと行ない、どの消費者セグメントをコアのターゲットにするかを決めていきます。

SWOT分析のフレームワーク　　　　　　　　　　　　（図表5－②）

外部環境分析	Opportunity（機会）	Threat（脅威）
内部環境分析	Strength（強み）	Weakness（弱み）

出典：著者作成

5-5. 環境分析をする際、いつも心の中に おいておくこと

1) 消費者─顧客視点、これが最も忘れてはいけないこと

　どの環境分析でも決して忘れてはいけないのは、「消費者及び顧客」の視点で環境を見ることです。どの分析も最終的には、ターゲット消費者／顧客を満足させる戦略を立てるためのものだからです。そのターゲットに対して意味がないことは、どんなに精緻に分析しても意味がなく、どんな強みを持っていても戦略には使えません。

　SWOT分析をする際、多くの具体的な「機会」、「脅威」、「強み」、「弱み」が挙げられます。多く見つけられることはいいことです。その次のステップとして、今度は「選定されたターゲットの視点」で見直し、その中でも重要なものを決めていくと、より消費者／顧客ベースの戦略をつくることができます。

2) 土俵を変えて、強みをつくり出す

　現在いる市場の定義を変え、ベースとなる土俵を変えることによって、自分の会社やブランドの立ち位置が変わり、優位性のある強みを持てることがあります。簡単な例ですが、同時期に二つの違う会社が、各々No.1であると訴求している場合があります。それは、それぞれのベースとなる市場定義が異なっているからです。A社のAブランドがNo.1と言っているベースは、スタイリングも含むすべてのヘアケア製品であり、これに対して、B社のBブランドが言っているベースはスタイリングを含まないなどが考えられます。ベースが違えば、No.1が異なるのです。それは別の言い方をすると、B社はヘアスタ

115

イリングを含まない土俵では、「強い」ということができるのです。

　市場をどこにするかによって、SWOTが変わってきます。SWOT分析をして、圧倒的な優位性が見いだせない時には、市場の定義を変え環境分析をしなおすと優位性が見えてくる場合があります。

3）定義をしっかり

　環境分析は、戦略のベースになる分析で、これから考えていく詳細なプランのもとです。そのため、市場の大きさ・成長、ニーズの大きさ・成長など、客観的に数字で見えるところはきちんと押さえなければなりません。この時「定義」を明確に、そして関連する部署、マネジメントと合意していくことがとても重要です。

　たとえば、「ナチュラルヘアケア」にニーズがあり、市場でそういった製品が伸びているように見えたとしましょう。そこで「ナチュラルヘアケアとはなにか」を定義しないで、分析を進めたとします。ある人は「ナチュラルと製品の名前に入っているもの」として分析し、別の人は「便益にナチュラルと書いてあるもの」とし、また別の人は、「自然の成分が入っているもの」とするなど、ばらばらな定義をもとに分析を進めたらどうなるでしょう。日本だけではなく市場がグローバルな時は、特にここを合意していないと間違った戦略をつくることになります。

4）戦略に選ばれるのは、コントロールできること

　環境分析は多岐にわたり、そのなかには企業がコントロールできるものと、総人口や天候のように、コントロールできないものとがあります。衣料の売上は、例年並みに夏は暑く、冬は寒くなれば売れると聞きます。これは情報として知っておくべきことですが、実際の

戦略を立てる際には使えません。機会、脅威、強み、弱みをコントロールできるものとできないものの二つのグループに分け、コントロールできるものを具体的な戦略に入れていきます。

5）フレームワークを埋めたら戦略？

環境分析において、多くのフレームワークについて書いていないのは、理由が二つあります。まず一つ目は、今までの私の実務経験上、それらのフレームワークを、フレームワークを埋めるという形で、使わなくても戦略策定は可能であったこと。二つ目には、フレームワークを前面に出すと、フレームワークを完成させることにばかり焦点がいってしまい、「消費者／顧客視点」を忘れがちになってしまうからです。最終的にはSWOT分析ができ上がれば、戦略立案のベースはできていると考えます。（図表5－②）に記した分析の領域を、まず大きな視点で押さえ、「消費者／顧客視点」と「企業としてコントロール可能かどうか」で選択し、SWOTをつくっていけば必要な情報は得られるのではないでしょうか。

しかし、参考までに、二つのフレームワークをここで紹介しておきます。マイケル・ポーターの5Forces分析。これは市場分析の一つで、市場の競争、収益性に影響を与える五つの要因に着目し、要因それぞれの力や関係をみることにより、競争の激しい市場であるか、そうでない市場であるかを明らかにするものです。五つの要因は、1）新規参入の脅威、2）業者間敵対関係、3）代替製品・サービスの脅威、4）売り手（供給業者）の交渉力、5）買い手の交渉力です。

3C分析。これは、三つのCである自社（Company）、顧客（Customer）、競合（Competitor）を分析するものです。3C分析としては入れていませんが、これらの要素は前述の外部及び内部環境分析で網羅されています。

マイケル・ポーターの5Forces分析　　　　　　　　　　　　　　（図表5－③）

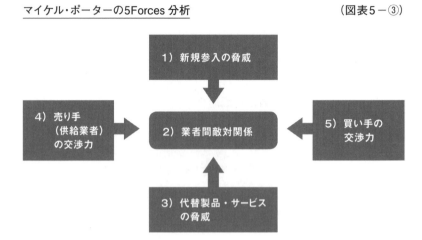

出典：マイケル・ポーター『新訂 競争の原理』1982年 ダイヤモンド社 P18
　　　「5つの競争要因」の図をベースに著者作成

5-6. 海外マーケティング

　日本以外の市場を見る際に「なにが違うか」に目が行きがちですが、「なにが共通なのか」を見ることも忘れてはなりません。中東やアフリカのマーケットを見れば、人種、宗教、習慣など、日本とは違うところばかりです。しかし、それにあわせて環境分析を国別でするだけで終わり、各国ごとの戦略を立案し、製品を各国ベースで開発し、4Pを変えていては、会社のリソースがより必要とされ、収益を圧迫してしまいます。消費者セグメンテーションを国ベースでする時には、各国を横断してなにか「共通のニーズ、行動、態度」や、それを「動かしている共通の要因」がないか、そこから導き出される共通のターゲットがいないかを見るというステップへと、さらに踏むことを忘れないでください。これが発見できれば、発見できていない競合に比べて

グローバル戦略において、より「規模の経済」が使え、スピード感をもって広い地域に参入することができるため、大きな優位性を持つことができます。

環境分析とは少し離れたポイントですが、「共通項」を発見することで組織のマネジメントに良い副作用をもたらすことがあります。お互いの「共通項」を見いだすと、人と人は親しくなります。したがって、本社が支社との「共通項」を分かち合い、本社と支社で「共通項」を見つける過程を踏むプランを立てていくと、関係がより強くなります。

前述しましたが「定義」を明確にすることは、グローバル戦略立案では必須です。日本市場で日本人の仲間と日本語だけでビジネスをしていると、なにかをきちんと確認しなくても、理解が共通であることが多いのですが、異なる国で異なる人々と働き、異なるマーケットを理解する時はそうはいきません。「定義」を明確にすること、そして、理解しあえる共通言語をつくることは必須です。

5-7. ヘアケア製品の日本での戦略立案の例

ここでは、今までお話ししたことが実際にはどのようになるのか、その流れを追体験していただくために、「ヘアケア製品の日本での戦略を立案する」という架空のストーリーをまとめました。数字も実際のものとは異なりますが、流れを見て、より理解を深めていただければと思います。

第5章 環境分析とターゲットの選定

課題

　世界100カ国以上で、ビューティーケア製品の販売をしているＡ社があると仮定します。Ａ社の主力製品はヘアケア、ボディーケアなどです。ヘアケアの市場を見てみると、日本は、アメリカ、中国に次いで第3位の大きさ。成長は中国に劣りますが、日本はその規模から絶対に落としてはいけない市場です。そのために、日本で勝つ戦略を立てる必要があり、日本を戦略的なターゲットの国に選定しました。現在Ａ社が持っているヘアケアのブランドは五つありますが、そのうちの一つの売上が日本で大きなウェイトを占めています。そのため、このブランドの売上を安定成長させることが、Ａ社にとっ

A社の外部環境

（図表5－④）

Politics （政治要因）	消費税の引き上げが予定されている。 ビューティーケア商品が海外旅行者の免税の対象となった。
Economics （経済要因）	GDP が上昇傾向にある。 円安が進み、海外での生産コストが上昇している。これが価格に影響を及ぼすかもしれない。 特定産業においては、人手不足。結果として、人件費が上る可能性がある。 個人消費については二極化がみられる。
Society （社会要因）	人口は減少に入るが、その反面単身世帯数は増加すると予想される。 高齢化が進んでいる。 所得格差が生まれている。
Technology （技術要因）	IoT などネットをベースにした製品・サービスが登場している。 e コマース、デジタルで媒体が更に広がると思われる。 3D プリンターの登場により生産革命が起こる可能性。

出典：著者作成

120

て優先順位の高い課題となります。

外部環境分析

● マクロ分析
　A社の外部環境を見てみるとマクロ分析では、（図表5－④）のようにまとめられます。

● ミクロ分析
　一方、ミクロ分析では、ヘアケア市場にはシャンプー・コンディショナー、トリートメント、ヘアスタイリングというサブセグメントがあります。シャンプー・コンディショナーの市場はここ数年、市場規模は数量ベースでほぼ伸びていない。毎年1％以下の成長です。しかし、価格ベースでは2％くらいの伸びがあります。したがって、単価の上昇がいくらか牽引していると思われます。トリートメントの市場は数量ベースで年平均3％、金額ベースで3.5～4％増加。ここでも、より単価の高いものが出てきていると考えられる。その反面、ヘアスタイリングは数量、金額ともにマイナス成長にあります。

　購買者を見てみると、シャンプー・コンディショナーの浸透率はほぼ90％に近く、これ以上の増加は見込めません。髪を洗う頻度もここ数年変化はないので、消費者の習慣の変化や、人口の増加による売上の増加は期待できません。現在、シャンプー・コンディショナー市場は、新製品、特に高価格帯の市場投入によって、市場規模を保っている状態です。
　トリートメントは風呂場で使うものに加え、洗面所などの風呂場の外で使うものが出てきたため、使用品目が増加しています。製品の増加と価格帯の高い製品の上市により、市場が増加。また、トリ

ートメントの購買者の浸透度は、30％とまだ伸び代があります。ヘアスタイリングの購買者が減っているのと同じだけ、風呂場の外で使うトリートメントの購買者が増えています。ここから、風呂場の外で使うトリートメントがヘアスタイリングの代替品となっていると思われます。

製造コスト構造には現状大きな影響はありません。しかし、将来の円安の影響、発展途上国での賃金の上昇の影響などを考え、製品のもととなる技術を数カ国で共通化して規模の経済をもっと活用するなど、継続的な努力が必要です。

ダイレクトな競合を見てみると、B社は、ここ数年、シャンプー・コンディショナーにおけるアップグレードに加え、トリートメントに力を入れて新製品を出しています。シャンプー、コンディショナー、トリートメントの３ステップを推奨する戦略のようです。トリートメントの中でも特に風呂場の外で使うものを高価格帯で出してきています。ヘアスタイリングは持っていません。

ブランド・エクイティの力は、定量リサーチによるとトリートメントの新製品に伴い、上がってきています。テレビ、デジタル媒体の十分な出稿量に加え、店頭活動も活発化しているので、ヘアケア全体のシェアが上昇傾向にあります。ブランドのポートフォリオは髪へのニーズベースで、ダメージケアを中心とした訴求が主です。

また、C社はシャンプー・コンディショナーにおいて、価格帯別をベースにしたポートフォリオで、店頭で自社ブランド内におけるカニバリゼーションが少ない傾向にあります。それぞれの価格帯においてNo.1のブランドを持っています。各価格帯における、シャンプー・コンディショナーのアップグレードがメインの活動です。トリートメントの新製品も発売し、今後力を入れようとしていると考えられます。

コーポレート・エクイティ、ブランド・エクイティともに強く、製品力も高く、販売チームの力も強いです。

　髪へのニーズを定量リサーチで見てみると、ダメージケアと輝きのニーズが大きいことがわかります。それぞれのニーズの関係を、統計手法を使って見ていくと、輝きを得る方法としてダメージを抑えたい、ハリを持ちたいというものがあり、輝きのニーズは、ほかのニーズとオーバーラップしていることがわかりました。輝きのニーズを求めている人は、ヘアケアのカテゴリー平均よりも価格の高いものを買います。購買年齢層は、比較的広範囲で、ダメージケアのニーズが増加傾向にあります。ダメージケアのニーズを持つ世代は、20代などの比較的若い人が多いです。使用品目も多く、トリートメントの使用率はほかのニーズを持つ人と比べると高いです。高齢者の中では、抜け毛対策のニーズが強く出てきています。これが将来もっと大きくなってくるのではないかと予想されます。

　輝きを求める人の中には、情緒的な点で求める人達もいます。輝いた髪は自分にとって化粧より重要なことで、それを人に認めてもらいたいと思っています。そのためには手間を惜しまないという人と、手間をかけたくない人がいます。手間を惜しまない人は、20代後半から40代前半までが主な年齢で、ヘアケアについてかける金額、及び使用品目の数が手間をかけたくない人よりも多いです。

内部環境分析

　内部環境分析はブランド・エクイティ調査の結果によると、現在、競合に対しては優位であることがわかります。4Ｐにおいて製品は、どのニーズにあったものもすでに開発されているので、競合に比べて素早くマーケットに投入する準備ができています。現在、優先順

位の高い戦略ブランドは、輝きのニーズを訴求しているものです。その一方で、価格が高いというネガティブな意見も出ています。流通においては、ブランド・エクイティ全体は強いため、競合よりもしっかりとした配荷がとれる可能性はあります。したがって価格は、まだ高めに設定していても良いと考えられます。

　プロモーションについては、コミュニケーションの内容がどのブランドも似ているため、ユニークさを出していく必要があります。ブランド・エクイティのリサーチでも、全体のエクイティの力はありますが、イメージが不鮮明になってきています。ブランドとして歴史が長く、少し古くさいというコメントも上昇しているので、コミュニケーションのコンテンツを若返らせることは必要であり、ここに弱みがあります。

　eコマースについての経験が少なく、トリートメント市場において遅れをとっている点も弱みです。また、ヘアスタイリングの売上はブランド全体の売上の20％ほどです。この市場は縮小しているため、ここからの成長が見込めない点は問題です。

　これまで述べてきたことをもとに、SWOT分析を行った一例を示します（図表5－⑤）。

● 分析結果

誰に：

　「輝き」をニーズとして持ち、ヘアケアが重要で、手間をかけることを惜しまない人、20代後半から40代前半が主な年齢層。10代はターゲットにしない。

製品：

　「輝く髪」を中心としながら、ひとつのバージョンとしてダメージ

SWOT分析の一例
（図表5-⑤）

外部環境分析	機会（O）	脅威（T）
	ヘアケア製品も免税対象になりインバウンド売上が期待される GDP上昇傾向にあり景気の回復が見られる 消費は二極化しているため、高価格のものにも可能性がある 海外市場において、日本製品にこだわる消費者の登場 人口老齢化による新しいヘアケアニーズ（抜け毛など）の出現 トリートメント市場の成長が見られる eコマースの広がりによる配荷の広がり Web媒体の活用	消費税の引き上げ予定 消費者が二極化していて、売上が一番大きい中価格帯の売れ行きが落ちる可能性がある 海外生産製品のコストが上がる 人口減少、単身世帯の増加— 消費量が減少する可能性 eコマースの台頭により、ネット販売から競合が出てくるかもしれない 一番の市場であるシャンプー市場の成長率がほぼなく、すでに浸透率が90％のため、伸びが期待できない 競合による新製品の市場導入が予想される 競合がシャンプー以外のトリートメント市場ですでに、大きなシェアーを取りだしている ヘアスタイリング市場が著しく縮小している 価格と製品のパフォーマンスとの比較について消費者の目が厳しくなってきている
内部環境分析	強み（S）	弱み（W）
	ブランド・エクイティは強いブランドとしてのヘアケアNo.1.である歴史が長い 4Pにおいて依然競合に比べて強い 製品はグローバル製品ポートフォリオからほとんどの製品を法律上問題なく、日本市場へ持ってくることが可能 自社がターゲットにしている顧客は、必要ならば価格の高いものを買ってもいいと考える人が競合と比べて多い 新製品の市場参入へのプロセスはしっかりしていて、環境の変化に対して素早く対応できる意思決定プロセスを持っている	ブランドの歴史が長く、ブランドの消費者が老齢化し若年層の参入が少ない 価格が高めであると消費者に認識されている 競合に比べ、トリートメント市場においての地位が確立されていない ヘアスタイリング剤の売上に頼っているがヘアスタイリングからの著しい成長は見込めない 海外生産品が多いため、コストの上昇がある グローバルブランドであるため日本製が好まれる現在のトレンドに合わない デジタル（媒体、コンテンツ、配荷）活動において、他社より遅れをとっている トラディショナルな流通をメインにしすぎている 業界No.1.であったため、2番手になった時のビジネスモデル（成功モデル）が少ない

出典：著者作成

ケアを強化、そして、数年後にはハリのある髪にするバージョンを、40代以降をターゲットにして出していく。グローバルにある製品技術をベースに日本用に仕様を変更し、ニーズに合わせることでスピード感を持って市場投入する。トリートメントの新製品を出すことにより、増加している「ダメージケア」のニーズに応える。ヘアスタイリングはリソースを割かず既存品で戦う。

コミュニケーション：

従来どおりの情緒的なものに製品の良さを訴える部分を加える。輝く髪のためのダメージケアとするなど、最終便益は、「輝く」とすることによって、キーのブランド・エクイティを継続的に伝える。デジタルのコミュニケーションを強化する。

流通チャネル：

従来のドラッグストア、GMSに加え、オンラインでの販売網を強化する。

価格：

トリートメントなど、カテゴリー全体の価格が高めのカテゴリーに力をいれる。シャンプー・コンディショナーなどは、競合に対して高めの設定を行い、ブランドエクイティを保持する。

5-8. 第5章のまとめ

□**環境分析とは戦略立案のためのものであり、なにをするかも重要だが、特になにをしないかを決めるためのもの**

　環境分析とはマーケティング・プロセスの上流にあたり、「どこで、誰に、なにを、どうやって」の大まかな方向性を決めるために行われます。方向性を決めるために、なにを「する」かを決めることはもちろんですが、特になにを「しない」かを明確にすることが重要です。それによって、企業が限られたリソースでも競合に対して優位となる方向へ導くことが可能となります。外部環境、内部環境分析などの分析領域があります。最終的には、SWOTをつくり上げることが分析のゴールとなります。

□**「消費者−顧客視点」で環境全体をみることが重要**

　フレームワークを使ったとしても、調べるべき環境分析は広範囲にわたります。なにかの基準をもたないと、際限のない分析となってしまいます。環境分析も最終的には、ターゲットを満足させる戦略を組み立てるためのものです。したがって、ターゲットに対して意味のないことを分析して理解しても、戦略には使えません。消費者／顧客の視点で見ていくことが重要です。そのため、環境分析の消費者分析が行われてターゲットが選定されたなら、環境分析をターゲットの目で見直し、なにが重要でなにが重要でないかを理解する必要があります。

第5章　環境分析とターゲットの選定

□グローバル戦略では、分析の際、定義をしっかり確認すること、また、なにが「共通」であるか見つけることが重要

　共通項を見つけること。共通の理解は成立しないのが、グローバルの環境です。日本でほとんどの人が統一して認識していることが、別の意味であったりします。そのため市場を分析する時には、その市場に対する定義を明確にし、合意をとるプロセスを入れなければなりません。ここを忘れると、比較のできない分析が出てきてしまいます。

　また、グローバルの環境分析というと、人種や生活習慣からの「違い」に注目しがちです。しかし、グローバルでビジネスをするメリットの一つに、「規模の経済」を使って製品開発をスピードアップしたり、製造コストを下げたりということがあります。どこかに共通のターゲットがいないかを探し、国を超えた共通ターゲットが見つかれば、スピーディーにマーケット・エントリーをしていくことができます。

＜了＞

第 **6** 章

ターゲットを
深く理解する

執筆：ニールセン ディレクター
東浦和宏

第6章 ターゲットを深く理解する

6-1. ターゲットの理解とはなにか？

　SWOT分析を行い、消費者セグメンテーションで消費者全体を把握し、そしてその中でどのセグメントをコアのターゲットにするか決めたら、次は、どんな人であるかを描き出すことがポイントとなります。相手を完全に知らなければ、なにをどうやって提供すればいいのかがわからないため、すべての立案の基盤となります。したがって、ターゲットの行動や価値観から、本人も気づいていないインサイトまで360度理解をします。

　まず、最初にベースとして使われるのが、消費者セグメンテーションの定量リサーチデータの見直しです。

　そこから性別や年齢、家族構成、働いているのかどうか、子供の人数や年齢、カテゴリーの使用量、使用金額、使っている製品、ブランドの種類、製品へのニーズ、アクセスしているメディア、各メディアの使用量、余暇の過ごし方など、どんな人であるかを説明できるように理解します。次に、定性リサーチによってその行動や態度が起こるコンテキスト（まわりの環境、背景、文脈）や、その行動、態度の理由まで深掘りします。これらの中で、特に当該ブランド、製品・サービスへの行動、態度を変える要素についてはしっかり掘り下げます。この理解をベースにしてさらにマーケターがインサイトを発見していきます。

130

第6章のポイント

☐ 4Pなど具体的なマーケティング施策をつくる基盤になるのは、ターゲットの360度理解であり、年齢、職業などのデモグラフィックス、行動、態度に加え、インサイトの理解も重要である。

☐ インサイトとは、消費者が自分では気づいていない、もしくは言われれば気づく、それを押せば行動が変わる心へのボタンで、それは同じターゲットから繰り返しマーケターが発見できるもの。

☐ インサイトはブランディング、4Pとマーケティングの施策をつくるどの部分にも必要。

☐ インサイトを見つける方法は、観察と1:1インタビューが基本となる。

☐ インサイトはマーケターが発見するもの。だから、インサイト力をつけることが必要。

第6章 ターゲットを深く理解する

6-2. インサイトとはなにか？

　インサイトの定義はいろいろあります。私はこれまでの経験から、インサイトは「消費者が自分では気づいていない、もしくは言われれば気づく、『それを押せば行動が変わる心へのボタン』で、その場の一回限りではなく、繰り返しマーケターが同じターゲットから発見できるもの」であると思っています。

行動が変わるもの

　マーケターが戦略を立て、施策を立てるのは、究極のところターゲットの行動を変えるためです。商品を知らない人や買っていない人に買ってもらう。既に買っている人にはもっと買ってもらうなど、行動を変えてもらうのです。ターゲットを掘り下げていけば、様々な発見があります。その中で行動に影響を及ぼすものが、マーケティング上のインサイトであると思います。

気づいていないもの、もしくは言われれば気づくもの

　人には行動や態度を動機づける理由があり、その中には本人も気づいていない深層心理・行動パターンが含まれ、それは自分で認知している部分よりも大きいといわれています。したがって、人の行動を変えるためには、目に見えている本人が説明できるもの以外のことを探求する必要があります。

　たとえば、コンピュータゲームは子供に良くないと思っているお母さんに、なぜ良くないと思うかと聞くと、「目に悪い」「運動したほ

132

うがいい」「勉強に集中しない」などという答えが返ってきます。ゲームの使用者は子供ですが購買者は親で、その親が購入のストッパーになれば、ゲーム機の売上は上がりません。もう少し深く親側の気持ちを聞いていくと、「ゲームをすると、子供は自分の部屋へ行ってしまう」「話をしてくれない」などという話が出てきます。それによってゲームが嫌いなインサイトは、「家族のコミュニケーションを持ちたい」ということかもしれないとわかります。これは掘り下げないと出てこなかった情報で、本人も言われてみないと気づかなかったことかもしれません。

　もう一つ例を挙げると、習慣として言っていたり、それを描写する言葉が慣習化されていたりするために、本人も深く考えないで行動をしている場合があります。「テレビを何時間くらい見ていますか」と聞いた時、「一日4時間くらい見ています」という回答があるとします。さらに「新製品の情報はどこから得ますか」と聞くと、同じく「テレビです」という答えでした。しかし実際の行動を観察すると、テレビは点けているだけで見ていないのです。新製品の情報はテレビからも得ますが、テレビを見ながら触っているPCやスマートフォンのWebからも得ていたり、テレビで見たものを検索していたりします。したがって、新製品の情報を得る時の行動パターンは、テレビで受動的に新製品が出たという情報を得て、Webで理解しているということであり、テレビからの情報だけでは信用できないと思っています。それは本人も言われないと気づきません。またそこでは、テレビとWebでは情報取得の役割が違うことも理解できます。

マーケターが発見するもの

　時々、「リサーチをしたけど、インサイトが出てこない」という人がいます。リサーチはインサイトを見つけるための手助けをしますが、

インサイトは本人も気づいていないものなので、マーケターがそれまでの経験と直感、センスを生かして発見し、こうではないですか? と示さない限り出てこないのです。インサイトを「発見」することは、マーケターの重要な役目です。コンピュータゲームの例でいうと、消費者からの言葉はゲームへの批判ばかりかもしれません。そこで「家族ともっと一緒になにかしたいのでは?」と聞いた時に、家族一緒にできる新しいゲームのアイデアを見せて初めて本当の気持ちを見つけることができる。こうしてマーケターが考えたり、確認したりしながらインサイトを発見していきます。

「繰り返し」見つけられるもの

インサイトは観察やリサーチによって繰り返し発見されるものでないと、これから数年にわたって使われるプランでは扱えません。同じターゲットに対して繰り返し発見されるものであるかを、観察やリサーチを通じて確認していく必要があります。

プロジェクト・チームが「そうだ!」といえるもの

本当に「繰り返されるようなインサイトか?」を判断する一つの方法に、その会社の強み、製品についての理解、違った領域のエキスパートの判断があります。

つまり、マネジメント、マーケティング、セールス、リサーチ、製品開発など、その製品カテゴリーにおいて十分な経験と知見を持ち、またそれぞれの専門領域での知識を持った人々で構成されるプロジェクト・チーム全員が納得できるものが、立案に使える強いインサイトであると思います。

実際にインサイトを立案に使うためには、もう一つ気をつけること
があります。

事前に定義を合意する

インサイトの定義は人によって違います。社内で、調査会社や広
告代理店などの協働パートナー機関も含めたプロジェクトチームで、
「インサイトとはなにか?」を事前に合意しておくといいと思います。

6-3. なぜ、今、インサイトがより重要なのか?

情報量の著しい増加によって、自分自身のニーズ、ウォンツがわからなくなる

『明日の広告』(アスキー新書) 佐藤尚之著、「2005度情報流通セ
ンサス報告書」によると、「消費可能情報量、つまりヒトが処理でき
る情報量はここ10年でほとんど変わっていないのに、選択可能情
報量、つまり世の中に流れている情報量は拡大し続け、410倍になっ
た」そうです。

現在ではさらに情報が増え、確実に410倍以上になっていること
は日々の生活で感じていることだと思います。結果として人々は、
自分で必要な情報を処理しきれないため、人の意見を聞きたい、整
理された情報を知りたいと思い始めます。それはインターネットに
より、以前よりも簡単にそして幅広くできるようになりました。小さ
なコミュニティである近くにいる人からのみ、見たり聞いたりしてい

た製品の使用経験、製品に対しての意見などが、今ではオンライン
ショッピングサイトでのクチコミ、製品の評価など、Web上でまとまっ
た形で得ることができます。そのため、現在の自分の思っているニー
ズが繰り返し思われるニーズなのか、人から聞いた影響により今
の時点でそう思っているだけなのか、わからなくなってくるのではな
いでしょうか。

　さらにグループインタビューなどで日本人によくあるのが、自分
の意見ではなくつい一般的な意見を言ってしまうことです。たとえば、「お
使いのシャンプーについてどんな不満があるか?」という質問について、
「みなさん、たぶん」「一般的にいうと」、こうではないかと回答をします。
本当にターゲットにあった「なに」「どうやって」を提供するには、以
前よりじっくり、深く紐解いていく必要がさらに出てきています。

イノベーション創造の鍵であるインサイト

　イノベーションなくして企業の成長はないといわれます。ここで
いうイノベーションは製品のイノベーションだけではなく、流通シ
ステムなどのオペレーション、ビジネスモデル、組織のイノベーショ
ンなども含んでいます。
　製品のイノベーションを考えているとよくあるミスが、消費者が
必要としていないような付加価値をつけることです。今ある自社の「製品」
をより良くしよう、他社の「製品」に優るものをつくろうと、自社の「製
品」や競合の「製品」ばかりを見て、消費者及びそのインサイトを見
ていないことから起きるミスです。

　製品のイノベーションを中心に見ると、特に日本では、洗剤、シャ
ンプーなどの一般消費財などは、使用浸透率も高く、製品の機能も

さほど大きな差がなく、消費者にはどれもほとんど同じだと思われています。そこで消費者の行動を変えるようなイノベーションを生み出すのは、製品の満足・不満足などの態度を調べるだけでは困難を極めます。新しいカテゴリーの創造や、これまでになかった新製品を創造するためには、その製品の枠組みを外し、新しい見方を必要とするため「インサイト」理解がより重要となってきています。

6-4. インサイトはなにに使われるもの?

これまで、戦略の「なにを?」に関わる製品についての例が多かったのですが、「インサイト」は、マーケティングすべての要素に関わります。「インサイトとはなにか?」のところで、製品についてと、「どのようにターゲットにコネクトするか」のメディアの選択についての例をあげましたので、ほかの要素を次にあげたいと思います。

クリエイティブ戦略の中心となる「インサイト」

ターゲットに語りかける方法はテレビCM、雑誌、屋外広告、Web、PR、パッケージでの表記、店頭と様々です。それぞれにおいて見せ方、言葉などの具体的な方法が変わる場合はありますが、一つの「インサイト」をベースにしてそれぞれのクリエイティブをつくれば、ターゲットは一貫した「インサイト」に繰り返し接触し、気持ちをくすぐられることになります。

ある台所洗剤のメーカーが食器洗いを完璧にしたい主婦ではなく、できるだけ簡単に済ませたいと思っている主婦や、一人暮らしの人

第6章　ターゲットを深く理解する

をターゲットにしたとします。なぜ「簡単にしたいか」と思っている
かを深掘りしていくと、「働いている主婦だから、できるだけ早く終
えて家族との時間を持ちたい」「ほかにも、いろいろとやらなくては
いけないことがあるから」など、ほかのやりたいこと、やらなければ
いけないことがあるという事実が出てきました。それを解決するた
めの様々な製品機能を与えても、「それでは足りない。もっとやりた
いことがあるから」となります。そこをさらに掘り下げると、実は気
持ちとしての部分も大きく、「助けて欲しい」というインサイトが発
見されました。そうなると「助けてあげよう」ということが、クリエイティ
ブの中心におかれ、そこから異なる媒体でのコミュニケーションのメッ
セージがつくられ、一貫してターゲットのインサイトをくすぐり続け
ることになります。

ブランドの活性化

　既存のブランドは、活性化させていかなければ廃れてしまいます。
ロイヤルユーザーを現在多く持っているブランドでも、活性化して
新規のユーザーの継続的な参入がなければ、ロイヤルユーザーが
年をとるとともに、ブランドも年老いていきます。ロイヤルユーザー
へのインタビューなどを通じて発見された、そのブランドへとターゲッ
トを引きつけているコアとなる「インサイト」を見つけ、それをベー
スに活性化するための戦略を立てていきます。

　あるスキンケアのブランドを想定してください。そのブランドは
「高機能の製品を提供する」ことをブランドのターゲットに対する「お
約束」としていました。しかし、ターゲットが年を取っていくにつれ
て、高機能というハードルはどんどん上がっていき、また、競合から
も機能的に優れた製品が毎年出てきます。そのため、「高機能」とい

うことは、そのブランドの特徴的な「お約束」とは顧客から見られなくなってきました。

そのブランドが大好きな人、長年継続的に使ってくれている人に、その理由を聞いてみると、「高機能だけど身近」「あこがれが中心となるという海外ブランドとは違う」といった言葉が出てきました。ブランドとターゲットとの関係をこの言葉をベースに考え直してみると、あこがれの対象というよりは身近にあるものです。そこから見出されるインサイトは、「きちんと信頼できる友達でいて欲しい」。この信頼の中には、製品とブランドへの信頼が含まれていて、それは友達を信頼するような距離感であるということです。これをベースに新しいブランドの「お約束」をつくり、そのブランドを構築するための様々な施策を立てていきます。

「インサイト」は、これまで見てきたように、マーケティングの戦略、施策のいろいろな点で使われるため、マーケティング部門だけ、リサーチ部門だけがすることではなく、その発見は、全社員の責務となります。

6-5. インサイトを発見する方法

スタートは観察

インサイト発見のスタートは、ひたすら真摯に、客観的にターゲットを見ることから始まります。今持っている既成概念を外して消費者を見て、その行動の後ろになにがあるのかを、「なぜ」「どうして」という気持ちを持って理解しようとすることです。

第6章 ターゲットを深く理解する

　特に日用品などのように毎日使うものは、その行動が日常化していて、なぜその行動をしているのか本人は気にしていないことがあります。洗濯を例にとると、人と自分の洗濯の仕方がどう違うかなど、人が洗濯をしているところを見ることがないので、気づかないのです。その結果、言葉で聞いてもすぐにインサイトは出てきません。

　前の日から漬け置きをし、色物と白いものを分け、衿、袖口は、洗濯機に入れる前にブラシで洗っている人が、そのやり方を親がしていたなら「特別なことをしている」と意識しておらず、言葉では、「普通です」と答えます。それはその人にとっては、普通で日常的なことだからです。そのためまず、実際の消費者の行動を観察することが重要なのです。

　観察の調査手法として、エスノグラフィー（行動観察）というものがあります。ターゲットの普通の生活の中での製品の使われ方、買い物の仕方、メディアの接触の仕方などを、同行して観察したり、ビデオに撮ったり、時には一緒に参加して同じことをしてみたりして行動を理解し、その裏にある「なぜ」そして「インサイト」に目をやります。

　近年、行動の観察の仕方には、目でその人の行動を実際に見るということに加え、ビッグデータのマイニングや、ログ分析などによって、見える化された行動として把握することもできます。以前は少ないカード会員データでしたが、今では千万人単位に及ぶ会員をもつ場合もあるといわれます。そうなると、ほとんど全数データと変わらない状態になります。そのデータから取られる買い物行動、人の移動などの行動データや、あるものに対してのコメントの態度データを観察することにより、そこからインサイトを導き出すことができます。コンピュータについてのログデータも同様です。自分がオンラインでなにかを買う時、どんなものを検索して、どんなサイトを見てなに

をするのか、まったく覚えていないことが多いと思います。そんな行動を見える化したデータは、役に立つことでしょう。

エスノグラフィー（行動観察）では、主に1：1のデプスインタビューも一緒に行われ、その人がした行動について話をし、行動から心理へと深掘りしていきます。

1：1のデプスインタビュー＞グループインタビュー

定性リサーチといえば、よく行われるのは、6〜8人のグループに司会者が質問をする形で進むインタビューですが、「インサイトの発見」のためにはあまり適していません。ここ数年、1：1を定性リサーチの中心にしている企業が出てきています。

その理由は、

①複数の人に説明しようとするので論理的思考が勝ってしまう

「インサイト」は、本人も気づいていないような心のボタンで、本音よりもっと深いところにあるものでした。したがって、論理的には説明できないことも多くあります。しかしながら、複数の人がいるグループインタビューでは、ほかの人がわかるように説明しようとするため、どうしても論理的な考え方から抜け出せない話になってしまいます。

②人によく思われたいと思う

これは、参加する人の性格にもよりますが、グループインタビューの他の参加者に、「あの人なに言っているんだろう？」と思われないような意見を選んでしまいがちになります。こういった傾向は、私の経験から男性に多く見られました。良く思われる意見を言うどころか、すべての発言に「一般的にはこうだと思う」「普通はこうでしょう」

となかなか自分の意見を話してくれません。1：1であればなんとかもみほぐす方法があるかもしれませんが、グループインタビューでは、この人から本音を引き出すことは難しく、この人がほかの人のグループインタビューでの発言の仕方や、態度に影響を与えてしまうかもしれません。

③インサイト探求にグループ・ダイナミックスが適さない

ほかの人の意見を聞いて、自分が気づかなかったことに気づくというグループダイナミックスから「インサイト」を発見していくことも可能ですが、それ以上に①②のポイントが強く出てしまう傾向にあるため、深いところ以前のレベルでの刺激のしあいになってしまいます。

グループインタビューはお互いの意見を交換しながら、コンセプトを練り上げていくことや、すでにあるものをベースになにかをつくり上げていくようなことにより適していると思います。

④時間の制限

グループ・インタビューは6〜8人の参加者で2時間程度行われます。そうすると、単純に計算して、一人が話す時間は、およそ15分程度になります。時間があればインサイトが発見できるというわけではないですが、やはり短時間で本音以上のことまで話す状態をつくり上げ、引き出すのは難しいことです。

リサーチ対象の選定の重要性

エスノグラフィーや1：1のデプスインタビューをする時、調査対象は、知りたいセグメントの代表の中の代表であることが重要です。「髪のダメージを気にする人」をターゲット・セグメントにして、その人

たちのインサイトを取るにしても、やはり個人レベルの行動に落とせば分散があります。そのため、リサーチ対象を適切に絞り込めなかったがために、共通のインサイトを見つけ出せなくなる可能性があります。

　もとのセグメンテーションの定量のデータに戻って、そのセグメントで自社が特に狙うべき層を分析し、その層の年齢、ライフステージ、家族構成、カテゴリー使用率、使用頻度、年間の購入金額など、その層を区分けするキークエスチョンを見つけ、それをベースにそのセグメントをエクストリームに代表する対象者を採用することが重要です。また、リサーチの対象者を抽出するパネルに登録している人の多くは、謝礼を目的としています。その中には、積極的に自分の意見を言わない、もしくは、得意でない人もいるので、そういう人は省くなどすると、有益なインサイトのためのリサーチができます。省く方法としては、パネルから条件をもとに抽出した人に、調査会社が一度別のトピックでインタビューをして、自分の意見を言う人なのかどうかをチェックし、できる人のみを対象者にするという方法もあります。

論理的思考をはずせるように工夫する

　普通に質問をして、答えを受けているだけでは、エスノグラフィーや1：1のデプスインタビューという定性調査の手法を使っても、論理的思考に裏打ちされた答えを聞くだけに終わってしまうことが多いです。そのため、論理的な思考をはずすような工夫をしなければなりません。
　それには、いくつかの方法があります。

①一緒に行動する
　エスノグラフィーで行動を一緒にしたりして、インタビュアーと

143

調査対象者の距離を縮め、なにを話しても大丈夫だという環境をつくる。質問を受けるという立場ではなく、会話をする相手としての位置を生み出します。

②その人が日常いるような場所でのインタビュー

　グループ・インタビューをするような通常のインタビュールームではなく、その人が日常いるような家やいきつけのカフェ、お気に入りの場所などのトピックに関連した商品を使用する場所でインタビューをするといいです。それによって、対象者もリラックスでき、論理的な状況を説明する必要がなくなります。

③写真などのビジュアルを使う

　雑誌の切り抜きなどを使って、風景、人物、物、場面などの様々なビジュアルを用意します。直感で感じたことに近いビジュアルを選んでもらい、それをもとにインタビューを進めていく方法です。直感、なんとなく思っていること、潜在的に思っていることを浮かび上がらせるために有効です。また、言葉でどのように話していいかわからない直感を、排除してしまわないようにします。論理的にならないように、「その時の気持ちはどれ？」と伝え、紙芝居のように次から次へと写真を見せ、気持ちに合っているものを直感で選んでもらうということも論理的な選択を避けるために有効です。

6-6. インサイト力をつける

　ただ見ているだけでは、なにも発見できません。インサイトを発見できるだけの力を持っていないと、見つけられないのです。考古学の知識を持っているから、どれがガラクタでどれが歴史的に価値のあるものなのかを、発掘をして見分けることができるのと同じです。調査会社はいろいろなインサイトのオプションを見せてくれるかもしれませんが、その中で重要なものがどれかを選択するのは、企業側マーケターの責務です。そのためにも、力をつける必要があります。以下、私が行っているインサイト力をつける方法をいくつか紹介します。

1）なんでも体験してみる

　いろいろなことを、自分自身も体験し、さらに楽しんですることで、発見力の下地ができます。

　人が集まっているイベントに参加する、流行っているものを見る、売れそうと感じたものを使う、話題のテレビ番組を見るなど、一般消費者及びターゲットが行っているようなことを自分でもやってみます。一人の消費者として体験することが重要です。"なぜ売れているのか"、"なぜ売れていないのか"などと考えると、論理的な思考になり、消費者の真の気持ちを捉えられなくなります。4Ｐの観点や、様々なマーケティング・フレームワークは忘れて楽しみましょう。ただ消費者として、体験することが重要です。感じることに目を向けてください。

145

2）やったことがないことを体験してみる

　なにごともそれはどうなっているんだろうと興味を持って観察してじっくり見ることで、いつもとは違ったものが見えて、インサイトを発見できる力がアップしてきます。

　やったことがないことにチャレンジして、興味を持って体験し観察してみます。簡単なことで構いません。たとえば、すっぴんで外に出たことがないのならば、化粧をしないで散歩してみる、いつもとは違うスーパーへ行ってみる、使ったことがないメディア媒体を使ってみるなどです。

3）マーケット全体の知識を持つ

　私の場合、新しい視点というのは「あれ？これはいつも見ていることと違うな？」となにかのベンチマークと比較することにより、発見します。したがって、最低限の自分が扱っている製品カテゴリーについての客観的な知識を持ち、それをベンチマークにすると発見しやすいのです。

　インサイトを見つけるリサーチの前には、ミクロ分析の市場分析、消費者分析の部分を頭に入れておくことが大切です。もし会社が様々なカテゴリーでのビジネスを持っているなら、自分が担当しているカテゴリーと違うカテゴリーについても見ておくと、その比較によって、より自分が担当しているカテゴリーの特徴がつかめます。

4）ヒットCM、ヒット製品などをみて、インサイトがなにか書き出してみる

　もう一度、「インサイト」とはなにか、つまり、発見する対象の定義

を復習し、これから見つけるものがなにかをきちんと理解します。そして、テレビのCMなどの日常接することが可能なものを使って、このコマーシャルで伝えていることは何なのか、そのコミュニケーションの核となっているインサイトは何なのかを書き出してみます。これを習慣づけると、店頭にいる時、テレビを見ている時、様々なマーケティング活動に出くわした時に、「この活動のインサイトはなにかな?」と書き出さなくても、考えられるようになります。繰り返すうちに、最初はぼんやりとしていた「インサイトとは?」という定義の部分も自分の中でしっくりしてくるようになります。

　この章のはじめに「インサイトの定義」を書きましたが、数式のように公式があるものではなく、こういったエクササイズを繰り返すことによって、自分で体得していくことも「インサイト発見」のために重要なことです。

5) 一人ブレーンストーミング

　テーマを決めて街で観察したり、体験したりしたあとに、一人でコラージュや、ポストイットを使ってインサイトを書き出す、インサイトに近いビジュアルを切り取る、インサイトを見つける一人ワークショップをすることもお勧めです。もしくは、1〜2人の仲間を集めてやってみるのもいいでしょう。それぞれでやってみて意見を交換します。他人の意見を聞くことによって、学び、自分のインサイトを見つける力もアップします。

147

6-7. 第6章のまとめ

□ 「誰に」そして「インサイト」は、マーケティングの施策をつくるもと

本当に深く相手のことを知っていれば、なにを欲しがっているのか、どう渡せば一番いいのか、なにをしたら怒り、悲しむのかおのずとわかってきます。深いターゲット理解をして初めて、製品、価格、コミュニケーションについてや、どこで売ったらいいのかなどを知ることができるのです。競合より先に「インサイト」を見つけ、そこからイノベーションを生み出し、また施策に反映することができれば、自社を優位にすることができます。

□ 「インサイト」は、本人も気づいていないことで、マーケターが発見するもの

行動や態度と違い、インサイトを本人に聞いても本人自信も気づいていないケースがあるので、言葉として出てきません。また、調査会社が教えてくれるものでもありません。ターゲットの行動、態度をよく観察し、マーケターが発見するのです。そのために、常に「インサイトを発見する」ための知識を蓄え、センスを磨いておかなければなりません。将来的には、第4章のマーケティング・リサーチの章で出てきた脳科学などによって、インサイトを発見できるようになるかもしれません。

<了>

第7章

ブランド戦略

執筆：名古屋商科大学商学部 教授
山岡隆志

7-1. ブランドとは何か？

　アメリカ・マーケティング協会によれば、ブランドは、「競合他社とは差別化された売り手の製品やサービスを識別するネーム、言葉、デザイン、シンボル、そのほかの特徴」と定義されます。ここで注目していただきたいのが「差別化された」という部分です。価値あるブランドを創るためには、まずは差別化が重要になってきます。

　また、マーケティングの中で重要な概念の一つ「ポジショニング」を提唱した、アル・ライズ氏とジャック・トラウト氏によれば、成功するブランディング・プログラムは、「特異性というコンセプトに立脚している。それは見込客のマインドの中に、あなたの商品と類似の商品は市場には存在しないという認識をつくり出すことである」と言い、フィリップ・コトラー博士とケビン・レーン・ケラー博士によれば、「ブランディングとは、製品やサービスにブランドの力を授けることであり、ひとえに差異をつくるプロセスといってよい。ブランディングの鍵は、顧客に当該カテゴリー内のブランドはみな同じだと思わせてはならないことである」と述べています。

　両者は見事に同じことを言っており、ブランディングは何より先に「特異点」、「差異」をつくることが鍵であることを指摘しています。そして、当該カテゴリー内では類似の商品は他に存在しないという認識を作り上げることが、ブランディングの最初の第一歩ということです。

　皆さんは、このブランディングの定義を、意外に感じなかったでしょうか。ブランディングとは、ブランドの内容をしっかりと消費者に伝えることと思っていなかったでしょうか。その前に類似のものがないレベルまで、特異性を出すことが大事だということを忘れて

はなりません。この差異がなければ、その上にいくらブランドの内容を伝えたところで、強いブランドは構築できないということなのです。

第7章のポイント

- □ ブランド価値の構成要素を理解する。
- □ 差別化されたブランドを構築する。
- □ デジタル時代に効果的なブランド価値の高め方とは？
- □ 企業のおかれた状況に合ったブランド開発戦略を立案する。
- □ ブランドの拡張と収縮に注意。
- □ ブランド・ポジショニングの基本原理を理解する。

7-2. 第7章の全体像

まずは、ブランドとブランディングの正しい定義をおさえ、突出性が重要な要素となることを理解して下さい。ブランドは長期的視点で考えるマーケティングの中核思想になるため、販売志向や製品志向の考えで物事を判断すると、真逆の行動を取ってしまうことになり、ブランド価値を下げる結果につながります。

ブランド開発と維持をしていく上で陥りがちな点に注意して、消費者の思考を考慮したブランド・ポジショニングの基本原理を常に念頭に置くことが重要です。これによって、ブランド本来の価値が最大限に生かされる施策を実行できるようになります。

7-3. ブランド構築

　価値あるブランドを構築するためには、何が必要で何が優先され、そして、どのような手順で行っていけば良いかが問題となります。前者に応えてくれるフレームワークに「顧客ベースのブランド・エクイティ」があり、後者に対しては、「ブランド・ビルディング・ブロック」と呼ばれるフレームがうまく応えてくれます。

顧客ベースのブランド・エクイティ

　ブランド論の世界的権威であるデービット・A・アーカー博士によれば、ブランド・エクイティとは、「ブランド、その名前やシンボルと結びついたブランドの資産と負債の集合であり、製品やサービスによって顧客に提供される価値を増大させたり減少させたりするもの」と定義しています。

　その中で顧客の反応をベースにしている「ブランド・ロイヤルティ」、「ブランド認知」、「知覚品質」、「ブランド連想」を顧客ベースのブランド・エクイティと呼びます。会計で使われるバランスシート（貸借対照表）で説明すると、左側のアセット（資産）からライアビリティ（負債）を差し引いて残る部分が、エクイティ（資本）と表現されます（図7‐①参照）。この顧客ベースのブランド・エクイティによって、ブランド価値を構成する要素が分かります。

エクイティの意味　　　　　　　　　　　　　　　　　（図表7－①）

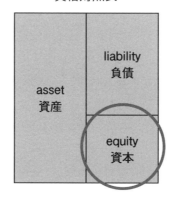

出典：筆者作成

ブランド認知

　ブランドをどの程度知っているか、馴染みがあるか、最初に思い浮かぶかなどは、ブランド価値を見る上で最も優先すべきものです。なぜなら、知らないブランドについて、他に何をやろうともその効果は期待できないからです。消費者はよく知っているブランドに安心感を抱き、進んでそのブランドを購入するようになります。

　ブランド認知には大きく分けて、ブランド再認とブランド再生があります。この二つを分けて考えることが、消費者行動を把握して施策を考える上で重要となります。

　ブランド再認とは、ブランドを手がかりとして与えられた時に、過去に当該ブランドに接した経験を思い出すことができることです。例えば、お店に行って棚にある醤油ブランドを見て、過去に接したことがあると認識できることです。一方、ブランド再生とは、製品カテゴリー、購買状況、使用状況などが手掛かりとして与えられた時に、

当該ブランドを記憶から呼び起こすことです。例えば、家で醤油が
ないことに気づいて、醤油を買おうと思った時に、特定のブランドを
思い出せるかどうかです。

　店舗などのオフライン・マーケティングを考える上では、ブランド
再認ができれば購買につながる場合が多くあります。つまり、多く
の消費者がブランド・ネーム、ロゴ、ラベル、パッケージなどを目に
して、ブランド経験を想起し購買するからです。
　一方、EC（電子商取引）などのオンライン・マーケティングでは、
ブランド再生が重要になってきます。なぜなら、オンラインサイト
のユーザビリティを思い出してもらえれば分かると思いますが、自ら
ブランドを積極的に探すことが前提となっているからです。店舗の
ように隣の棚を見る機会はありませんし、第一ブランド以外に目を
そらす環境が少ないのです。
　よって、オフラインとオンライン環境では、消費者が置かれてい
る状況が随分異なりますので、ブランド認知に対して異なった角度
からマーケティング施策を考えていく必要があるわけです。

ブランド・ロイヤルティ

　ブランド・ロイヤルティとは、顧客のブランドに対する忠誠心を
意味します。高いロイヤルティを持った顧客は、スイッチングコス
トが高くなり、企業が特に費用をかけなくても企業やブランドに対
して、持続的な売上貢献をしてくれます。さらに、クチコミによって
新規顧客を連れてきてくれます。その分、広告などのプロモーショ
ン費用が圧縮されます。
　よって、ブランド・ロイヤルティは、既存顧客および新規顧客両
者から、利益をもたらす源泉となるものなのです。

知覚品質

　知覚品質は、顧客が製品やサービスから連想する品質の度合いのことです。よって、企業が高品質な製品を開発して顧客に提供していると思っていても、顧客が高い品質だと認識しなければ、知覚品質は高水準にはなりません。顧客が求める品質でない場合や顧客の利益にならない時は、知覚品質は低くなります。また、知覚品質はブランド・ロイヤルティの先行要因になるので、高い知覚品質を繰り返し顧客に経験してもらうことにより、ロイヤルティの醸成につながります。

ブランド連想

　ブランドから、プラスやマイナスの様々なイメージを消費者は描きます。アップルをイメージすれば、「先進性」「親近感」「格好良さ」「アメリカ」「スティーブ・ジョブズ」など様々なイメージを連想するでしょう。プラスのブランド連想を創出するためには、好ましく、独自性のあるブランド・イメージを形成するマーケティング施策を実施する必要があります。また、ブランド連想は、消費者の記憶に残っている製品情報やブランドに対する知識との関連性を高めることで、強化することができます。

第7章 ブランド戦略

7-4. ブランド・アイデンティティ

　ブランド・エクイティの次にアーカー博士は、ブランド・アイデンティティという概念を発表しました。これまでご説明したものは、消費者側の発想によるものでしたが、これは企業側がブランドのあるべき姿を定義するものです。

　ブランド・アイデンティティと、消費者が持つブランド・イメージが一致していれば、企業が思い描くブランド像と消費者が描くものが、一致している状態となります。しかし、通常はそのような状態になっていることは希で、ギャップが存在します。企業はブランド・コミュニケーションによって、この両者の間に存在するギャップを埋めようと努力することになります。

ブランド・イメージとブランド・アイデンティティのギャップ　　（図表7－②）

ギャップ

ブランド・イメージ	ブランド・アイデンティティ
消費者がとらえている ブランドの現在の姿	企業が意図する ブランドのあるべき姿

出典：筆者作成

156

7-5. ブランド・ビルディング・ブロック

　ブランドの構築をどのように行っていき、どのような要素が必要になるのかを明解なフレームワークで示したものに、ケラー博士が提唱したブランド・ビルディング・ブロックがあります。ブランド構築を四つの段階に分け、六つのブロックでブランド構造を分析したものです。

　ブランド構築の最初のステップは、ブランド・アイデンティティを確立することで、ブランドの突出性（ブランド・セイリエンス）を創出することを目指します。前述した特異性や差異を作って、ブランド認知を広めなければなりません。突出性がブランド構造の土台となるもので、この土台を確立することが先決であり、これができなければ次のステップに進んでもあまり意味がありません。

ブランド・ビルディング・ブロック　　　　　　　　（図表7－③）

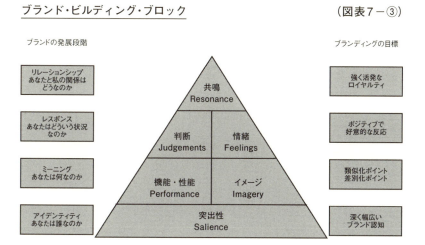

出典：ケラー（2010）『戦略的ブランド・マネジメント第3版』東急エージェンシー、68頁に筆者修正

次に、ブランド・ミーニングを確立することになります。これは、製品やサービスの機能と性能を表すブランド・パフォーマンスと呼ばれる部分と、ブランドにまつわる連想から形成されるブランド・イメージと呼ばれる部分の二つのブロックから構成されます。

　そして、企業が発信するブランド・パフォーマンスとブランド・イメージに対して、顧客が反応する段階がブランド・レスポンスです。この段階では、顧客によって、「品質」、「信用」、「考慮」、「優位性」という論理的に判断されるブランド・ジャッジメントと呼ばれるブロックと、顧客の感情的な反応を示すブランド・フィーリングというブロックに分けることができます。ブランド・フィーリングは、「温かさ」、「楽しさ」、「興奮」、「安心感」、「社会的承認」、「自尊心」の六つのフィーリングに分けることができます。

　最終目標としては、顧客がブランドとどれだけ共鳴しているか、どのようなリレーションシップが構築できているかを考えます。顧客がブランドと共鳴できていると実感できるまで、関係性の構築を目指します。ここまでいけば、ブランド構築は完成形と言える段階であり、最もブランド価値が高まった状態とも言えるのです。

7-6. ブランド価値

ブランドの重要性

　ブランドの効果については、販売と売上の関係のように、企業財務に直接的に反映されるものではありません。よって、マーケティング機能を持っていない企業においては、なかなか理解されていないのが現状です。

世界のブランド価値ランキング　　　　　　　　　　（図表7-④）

2015 Rank	Brand	Region/Country	Sector	Brand Value
01		United States	Technology	170.276$m
02	Google	United States	Technology	120.314$m
03	Coca-Cola	United States	Beverages	78.423$m
04	Microsoft	United States	Technology	67.670$m
05	IBM	United States	Business Services	65.095$m
06	TOYOTA	Japan	Automotive	49.048$m
07	SAMSUNG	South Korea	Technology	45.297$m
08	GE	United States	Diversified	42.267$m
09	M	United States	Restauranrts	39.809$m
10	amazon	United States	retail	37.948$m

出典：The Best 100 Brands 2015 by Interbrand

159

ブランドの重要性を理解する上で、ブランド価値の定量評価は分かりやすい指標となります。Interbrand社が発表している、2015年ブランド価値ランキングで1位となっている、Apple社のブランド価値は、17.9兆円程（US$170,276Million、1US$＝105円換算）に試算されています。

このブランド価値が資産として積み上がっていると、企業が売上をつくる上で大きな助けになります。伝統的な日本企業は価値ある製品を開発し、それを販売することによって売上を上げてきました。そこに、マーケティングは多くの場合ありませんでした。

販売努力はコストを使うことにより得られる便益ですが、コストは投下を止めてしまうと、便益も止まってしまうものです。販売努力は常に続けないと、売上には貢献しません。一方、マーケティングは投資に位置づけられ、この投資によりマーケティング資産が積み上がります。投資は止めても、それまで行った投資によって得られた資産が便益をもたらします。ブランド価値は、このマーケティング資産に位置づけることができるのです。

マーケティング資産が築かれていると、そこから生み出される売上があり、その分、販売努力を行う必要がなくなります。逆にマーケティング資産を持たないブランドは、常に販売努力を行わないと売上を達成できないため、短期的な努力の成果を常に追い続けなければなりません。計画的に収入を見込むことが難しい状態を作り出してしまうのです。

マーケティング資産の売上貢献　　　　　　　　　　　　　　　　（図表7－⑤）

売上

販売努力
製品価値
マーケティング資産 （顧客価値、ブランド価値等）

出典：筆者作成

第7章 ブランド戦略

7-7. ブランド価値の高め方

ブランド・コミュニティ

　一昔前の企業は、著名人などを起用して、その著名人が持つイメージとブランド・イメージをダブらせることにより、ブランド価値を高める戦略を多く行ってきました。NIKEのマイケル・ジョーダン選手を使ったイメージ戦略は有名ですが、最近のNIKEはブランド・コミュニティを使った戦略を、多く活用するようになりました。

　事例を挙げると、『NIKE+』は、NIKEブランドのブランド価値を共有するプラットフォームとなっています。シューズに組み込んだチップによってGPSと連動させ、走行距離や消費カロリーを測定し、トラッキングできる仕組みを構築しています。NIKE+を使う者同士で、走行距離やペースなどをシェアして、お互い切磋琢磨するような新たな価値を生み出しています。

　また、ハーレーダビッドソンは、『Harley Owners Group：H.O.G.』と呼ばれる、オーナー向けのコミュニティを持っています。ハーレーの価値観を共有するオーナー間に家族的な絆が構築され、熱狂的なファンが生まれる土台ができあがっています。

　近年の製品は、企業が予想できない価値を顧客に与えていることが多く、特定の著名人の枠にはめてしまうと、逆にブランド価値を低下させてしまう場合があります。

　例えば、アップルの『iPhone』では、誰か一人の著名人のイメージに当てはめてしまうと、『iPhone』の先進的で多様な価値観を狭めてしまう恐れがあります。こうした製品の進化に合わせて、人の

162

イメージを使ったものから、価値共創によってブランド価値を高める戦略へと、ブランド戦略がシフトしているのです。

7-8. 価値共創

　価値共創は、C・K・プラハラード博士（元ミシガン大学ロス・ビジネススクール教授）とベンカト・ラマスワミ博士（ミシガン大学ロス・ビジネススクール教授）によって提唱されました。これは、価値は製品の中にあり企業が価値を創造して提供するという、従来型の価値提供の発想から、価値は企業と消費者が様々な接点で共創する経験の中から生まれるという、考え方に転換したものです。

　従来型の市場概念では、企業は製品の売り先として市場を見ており、市場は価値を交換する場と位置づけます。一方、新しい市場概念では、企業と消費者は協働し、市場は独自の価値を共創する場と位置づけます。

　ソーシャルメディアや自社メディアの活用などにより、デジタル時代は価値共創が行いやすい環境となってきました。新製品開発やブランド戦略に活用される場面が益々増えてきています。

価値共創のモデル　　　　　　　　　　　　　　　　　（図表7－⑥）

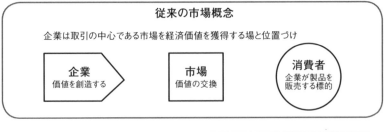

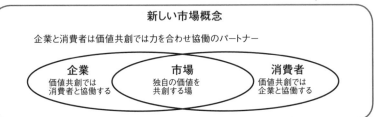

出典：Prahalad and Ramaswamy (2004) より筆者作図

　前述した『NIKE+』は、まさに価値共創の製品です。企業は基本的なプラットフォームを提供しているだけで、消費者がプラットフォーム上にある機能を工夫して、自ら使い方を生み出すことにより、新しい価値が付与されていくような製品です。

　ブランド・ビルディング・ブロックでは、ブランドと消費者とのリレーションシップや共鳴まで実現できれば、ブランド価値が究極的に高まることを示しています。企業から消費者への一方通行の働きかけより、企業と消費者がインタラクティブに関わる価値共創によって、この共鳴という状態を容易に作り上げることができます。故に、価値共創は、新製品開発に適用されるだけではなく、ブランド価値を高めるために非常に有効な手法と言えるのです。

7-9. ブランド開発戦略

　ブランド開発を行う時には四つの方法があります。それぞれ長所と短所があるため、企業や製品の状況に鑑み、十分に検討する必要があります。

1) ライン拡張

　既存の製品カテゴリー内で同じブランド名を使用しつつ、新しいターゲットを狙って新しい味、成分、形、色などを開発することを「ライン拡張」と言います。低コスト、低リスクで新製品を投入できるので多用されがちですが、ブランドが持つ本来の意味が希釈され、失われる危険性を有しています。様々なフレーバーが存在するスナッ

ブランド開発戦略　　　　　　　　　　　　　　　　　（図表7−⑦）

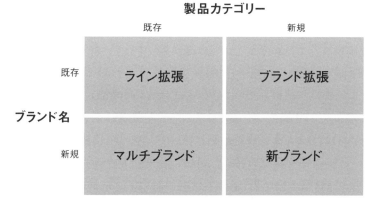

出典：コトラー・アームストロング（2014）『コトラーのマーケティング入門第4版』丸善出版、286頁に筆者修正

ク菓子や、10種類以上のラインが存在する歯磨き粉など、スーパー
や薬局で日々目にするものなので、イメージしやすいと思います。

2）ブランド拡張

　成功したブランド名を使って、新しい製品カテゴリーに進出する
ことを、「ブランド拡張」と言います。既に成功したブランド名を使
用するので、新しい製品の認知を広めることは容易であり、新しい
製品カテゴリーにスムーズに入ることができます。ブランドが持つ
資産を受け継ぐことができ、一からブランド構築をする必要がない
わけです。

　ここで注意が必要なのは、親ブランドから連想されるイメージと
新製品のイメージが合っているかを十分吟味することです。極端な
例で言えば、洗剤のブランド名でチョコレートを販売してもうまくい
かないということです。

　さらに、大きなリスクとなるのは、子ブランドがブランドを傷つけ
るような不祥事を行った場合、親ブランドのブランド価値まで下げ
てしまう危険性を常に持っていることです。よって、低コストで大き
な効果がすぐに得られるからといって、安易に中核となるブランド
名を乱用することは得策ではありません。

　例えば、高級ジュエリーを販売するブルガリは、高級ホテルも展
開しています。ブルガリが既に持っている、高級感、デザイン性、高
品質なサービスなどを活用できるため、消費者はブルガリが経営す
るホテルは、このような要素を持っているに違いないと感じるわけです。
一からブランドを構築して、新製品の訴求に努める部分が格段に少
なくなり、対象カテゴリーにおいて、一気にメジャーな存在になるこ
とも可能なのです。

166

ブランド拡張ケース　　　　　　　　　　　　　　　　（写真7－⑧）

出典：http://www.bulgari.com/、http://www.bulgarihotels.com/

3）マルチブランド

　企業が同じ製品カテゴリー内に複数のブランドを持つことを、マルチブランドと言います。既存のブランドとは全く違う世界観を構築でき、異なった購買動機に対応することができます。

　例えば、シャンプーのカテゴリーでは、各社多くのブランドを保有しています。男性用、女性用、年代別、高級志向、廉価志向、それぞれの志向性に応じてブランドを分けて、製品内容からコミュニケーション戦略まで独立して展開しています。

　しかし、ブランドを一から構築する必要があり、ブランド構築の成功が保証されていないことと、経営資源が分散してしまうため、全てのブランドが大きなシェアを握れないリスクを抱えているところが欠点となります。

第7章 ブランド戦略

4）新ブランド

　新しい製品カテゴリーに進出する際に、既存のブランド名の中で適当なものがない時は、新しいブランド名が開発されます。製品カテゴリー単位でブランド名が分かれているので、独自の世界観を作ることができ、企業にとっても消費者からも分かりやすいイメージを構築することができます。

　しかし、経営資源は分散してしまうので、十分なブランド認知さえ行えない事態となる危険性があります。そうなるといくら分かりやすくても、ブランド名が認知されていなければ、ブランドの価値はありません。新カテゴリーに進出する際、新ブランドを構築するための十分な経営資源があるかなど、検討する必要があります。

7-10. ブランドの拡張と収縮

　競合他社が新製品を開発し、積極的な販売促進活動を展開する、または新しい流行に合わせた製品が大きな売上を上げていると聞くと、マーケターはそれに対抗した製品を開発したいという衝動にとりつかれます。その際に、低コストで迅速に新製品を導入するやり方として、ライン拡張を真っ先に思いつきます。

　新しいラインが導入されると、短期的には新しい市場に合わせた製品が導入できるので、売上は伸びる場合が多く、一見成功したように見えます。しかし、ブランディングで最も重要な突出性が失われていく要因にもなるので注意が必要です。ブランドをより多くの市場セグメントに拡張すると、ブランドは希釈化されていきます。ブランドの弱体化によって、短期的に売上を増やすことができてい

168

ると認識すべきです。

　ライン拡張を推進していく行為は、消費者の頭の中に強力なブランドを築くことに逆行しており、長期的には売上を減らす方向に向かいます。シンプルでメッセージ性が高い突出したブランドのほうが、長期的には売上を積み上げることができます。マーケターは短期的な誘惑に左右されない信念を持たなければなりません。

　ブランドは拡張する時より、収縮した時のほうが長期的には良い結果に結びつきます。全国でコーヒー店を展開するドトールコーヒーは、リーズナブルな価格で高品質なコーヒーを提供する、一杯のコーヒーにこだわり抜いたブランドで成功を収めています。

　同社の企業理念は、「一杯のおいしいコーヒーを通じて、お客様にやすらぎと活力を提供する」であり、サイドメニューはあるものの、

ドトールコーヒー企業理念　　　　　　　　　　　　　　　（写真7－⑨）

**一杯のおいしいコーヒーを通じて、
お客様にやすらぎと活力を提供する。**

出典：ドトールコーヒーホームページ、https://www.doutor.co.jp/

一般的な喫茶店のような幅広いメニューは用意していません。シンプルなコーヒーのメニューを主軸に置いています。「おいしいコーヒーを気軽に飲みたい」という消費者のニーズを捉え、消費者に理解しやすいメッセージを提供しているのです。

　拡張する時より収縮する時に、強力なブランドは構築されるのです。

7-11. ブランド・ポジショニング

　ブランドを開発する時、そして維持していく上で、常に考えていかなくてはならないものに、ブランド・ポジショニングがあります。ポジショニングは競合ブランドと比較して、自社ブランドが消費者の脳裏に、どのように位置づけられるかを考えます。そのため絶対的ではなく、必ず競合と比べるので相対的なものになります。

　ポジショニングは競合ブランドと比べて、離れた位置に認識され明確に消費者の脳裏に焼きつけられることを目指します。よって、脳がどのような特性を持っているかを知っておく必要があります。ジャック・トラウト氏らは、「脳はお手上げ状態」、「脳は混乱を嫌う」、「脳はピンぼけする」という三つの脳の特性を示して、ポジショニングの基本原理を説明しています。

ポジショニングの基本原理

　グーグル社会長であるエリック・シュミット氏は、「文明の誕生から2003年までの間に作成された情報は5エクサバイトだが、現代は2日で同じ量を作成している」と情報過多の現代の状況を述べています。消費者は処理しきれない情報の中で生活しているので、企業が提

供するメッセージはできるだけシンプルで、他ブランドとは差別化
されたメッセージを発信しないと、一瞬で埋もれてしまいます。そして、
様々なメディアを活用して繰り返し同じメッセージを発信し続ける
ことにより、ようやく消費者の脳裏に届くことになります。消費者の「脳
はお手上げ状態」という環境に配慮がないと何も伝わらないのです。

　次に、「脳は混乱を嫌う」について説明します。混乱を避けるためには、
企業は分かりやすくシンプルなメッセージを発信する必要があります。
ボルボなら安全性、BMWであれば運転性能を分かりやすくアピー
ルします。マーケターが、ある程度分かりやすいと感じる程度でも、
消費者にはなかなか理解されないものです。分かりやすすぎると感
じる程度でちょうど良いでしょう。
　そして、脳は感情的であり理性的です。消費者に商品を買った理
由を聞いても、正確な答えが返ってこない場合が多くあります。消
費者自身も認識できていない部分に、消費者行動が含まれているの
です。
　人は商品を購入する時に知覚リスクを考慮します。ケラーによれば、
支払った価格に製品が値しない「金銭的リスク」、期待した水準を
製品が果たさない「機能的リスク」、製品が使用者に危害を与える「身
体的リスク」、製品が他者に迷惑をかける「社会的リスク」、製品が
使用者の精神に悪影響を与える「心理的リスク」、時間がかかる「時
間的リスク」の六つの知覚リスクがあることを示しています。このよ
うな知覚リスクを軽減するために、人は皆が買うものを進んで買お
うとするのです。このように、少しでも混乱が少ない状態を作りだそ
うと脳は動くのです。

　一つのブランドに様々な意味が込められていくと、ブランドはどん
どん希釈化されて、ブランドの力を失っていくことは前節で説明

171

しました。「脳はピンぼけする」ので、その意味でもブランドは収縮して、差別化されたメッセージを発信すると価値は高まります。

さらに、ピンぼけする脳にブランドを知ってもらうためには、ブランドは一貫性を維持することが重要になります。長期にわたって成功しているブランドは、驚くほど・一・貫・性が維持されています。

例えばBMWでは、キドニーグリルや丸目4灯ライトなどのデザイン面、FR仕様や50対50の前後の重量比などの機能面、日本で採用されている「駆け抜ける歓び」といったブランド・スローガンなど、現在でも引き継がれている一貫性が、マーケティング・プログラムの主要な要素で見事に保たれています。

キドニーグリル（BMWのフロント部分）　　　　　（写真7-⑩）

出典：BMW Japanホームページ、http://www.bmw.co.jp/ja/

7-12. 第7章のまとめ

　ブランディングでは、当該カテゴリー内で同じような商品は存在しないという認識を顧客の脳裏に創り上げることが最優先となります。そのためには、商品に特異性がなければなりません。

　そして、ブランドは拡張するより**収縮を目指すと価値は高まり**ます。ブランド・ポジショニングはフォーカスすることで、明確なポジションが確立されるのです。

　マーケターは、特異性の構築の前にブランド・ミーニングを伝えようとし、ブランドを拡張したくなる衝動に駆られ、ブランド・ポジショニングに様々な意味を込めようとします。このような行為全てがブランド価値を下げる結果につながります。マーケターが日頃、誘惑に駆られる衝動の逆をいけば、ブランド価値は高まるという皮肉な結果となるでしょう。

　これまで、ブランド価値を高める様々なステップを解説してきましたが、差別化された特異性が構築できれば、ブランディングは概ね成功したといっても過言ではありません。

<了>

第 **8** 章

新製品開発

執筆：名古屋商科大学商学部 教授
山岡隆志

第8章 新製品開発

8-1. 製品とは何か？

　コトラー博士によれば、製品とは「ニーズやウォンツを満たすために市場に提供されるものすべてを指す。製品は有形とは限らない。有形の物体、サービス、人、場所、組織、アイデア、あるいはこれらの組み合わせが製品である」と述べています。

　企業は開発した製品を、どのように販売しようかと製品に目がいきがちですが、人のニーズがその製品によって、どのように満たされるのかに着眼すべきなのです。

　「固くて摩耗することがない金属、耐久性があって長持ちするモーターが備わった電動ドリルが欲しいと顧客は言うが、顧客が欲しいものは工具としての製品ではなく、機能としての穴が欲しいのだ」と述べたのはセオドア・レビット博士（元ハーバード・ビジネススクール名誉教授）でした。

　製品に目がいきがちになる製造者の近視眼的な問題点を、見事に言い当てています。顧客の「穴が欲しい」というニーズを満たすことが重要なのです。ニーズに立脚していればドリルではなく、化学反応で正確に穴があくような製品を提供することが、より良い解決策になるかもしれないのです。

　また製品と聞くと、どうしても形あるモノを連想しがちですが、形がないサービスも含めて製品と位置づけます。現在の製品は、モノとサービスを分けることが難しく、分ける意味もなくなっているからです。よって、スマートフォン、美容院でのヘアカット、リゾート地で過ごすバケーション、銀行業務、経営のコンサルテーション、ディズニーランドなど、これら全てが製品と言えます。

ドリルと穴　　　　　　　　　　　　　　　　　　　　（写真8－①）

出典：shutterstock

第8章のポイント

☐ ニーズ、市場をつかむことから始めよう。
☐ 観察手法で革新的な製品が開発できる。
☐ 新製品開発プロセスの基本を押さえよう。
☐ アイデアはゼロから考えない。
☐ 今の延長線上にない新製品開発をしよう。

第8章　新製品開発

8-2. 第8章の全体像

　マーケティングは、潜在顧客を定義することから始めます。この潜在顧客が持つニーズを正確に把握することは難しく、長年の課題でした。近年になり観察法を駆使することで、消費者も気がつかないニーズを把握することが随分できるようになってきました。このニーズを満たすためのソリューションが製品となります。そのため、今ある製品のことを考える必要は無く、逆に、考えることが革新的な新製品を創造する障害になる場合があります。

　飛び抜けた才能を持った人に頼ること無く、多様性のあるチームによって、革新的な製品を生み出すことができる顧客志向の新製品開発プロセスを学ぶことが大切です。

8-3. 市場をつかむ

ニーズとウォンツ

　ニーズは、マーケティングの中でも基本的な概念の一つです。マーケティングは、ニーズを満たすための仕組みづくりとも言えます。そして、製品開発において最初に行うべきことは、ニーズの把握です。ニーズは、何かに満たされていない欠乏を感じている状態から湧き上がる感情を指します。ウォンツは、ニーズを満たすための具体的な欲求です。

　「喉が渇いた」はニーズであり、このニーズを満たすウォンツは、「水

を飲みたい」、「コーラを飲みたい」となります。「体内の水分バランスを満たす皮膚パッチ」があれば、これも立派なウォンツの一つになります。

　さて「ハワイに行きたい」は、ニーズ、ウォンツどちらでしょうか? 答えはウォンツになります。それではニーズは何でしょうか?

　例えば、「リラックスしたい」も、一つのニーズとなります。旅行会社にやって来る顧客は、「ハワイに行きたいのですが」と相談に来ます。決して、「リラックスしたいのですが」と相談には来ません。そのため、経験が浅いスタッフは、ハワイ行きの飛行機が指定された日時で満席だと「予約をお取りすることはできません」と案内してしまい、販売の機会を無くしてしまいがちです。

　一方、優秀なスタッフは、顧客のニーズを会話の中からうまく聞き取り、そのニーズに合った様々なウォンツを提案します。例えば、リラックスしたい顧客であれば、ハワイではなく、バリ島旅行でも良いかもしれませんし、海外ではなく国内の沖縄旅行で良いかもしれません。もっと言えば、温泉旅行でも十分かもしれませんし、そもそも旅行ではなくマッサージチェアを販売しても良いかもしれないのです。さすがに旅行会社で、マッサージチェアの提案まではしませんが、代替の旅行を提案して、それで顧客は満足する場合も多々あるのです。

　このように、まずニーズをつかみ、ニーズを満たす製品を考えることが、製品開発の基本となります。もう皆さんは違和感なく理解されていると思いますが、旅行提案も立派な製品と言えます。

潜在顧客に着目する

　コンビニエンスストアの店長に、顧客はどんな人ですかという質

問をすると、「住宅地にお店があるので主婦、学生、シニア層が主要な顧客です」といった答えが通常返ってきます。これは、いつもお店に来ている顧客を想像して答えていることが多く、顕在化している顧客が対象です。セールスパーソンに同じような質問をしても、現在、自社の製品を購入してくれている顧客を想像して、だいたいは答えます。

しかし、マーケティングが捉えるべき顧客は、顕在化している顧客のみならず、これから顧客になるかもしれない潜在顧客を指します。

ピーター・ドラッカー博士は、「事業の目的は顧客を創造すること。顧客とは、初めから存在するのではなく、企業の努力によって創られるもの」と述べています。ここにマーケティングの本質が含まれています。

マーケティングは**未来を見て**、これからの顧客を創る、すなわち市場を創る役割を担っています。この顧客創造を実現する手段として製品があるのです。よって、製品開発において市場を知ること、潜在顧客を定義することが、初期段階において非常に重要な取り組みとなります。

マーケティング・リサーチ

アメリカ・マーケティング協会は、マーケティング・リサーチを「マーケティングの機会及び問題を識別し定義するために用いられる情報を通じて、消費者、顧客、大衆を**マーケターとリンクする**こと」と定義しています。

違和感を持った方はいないでしょうか?

マーケティング・リサーチの定義としては、「…調査すること」と締めくくられるイメージをされていた方も多いのではないでしょうか。

顧客本人になりきって、ニーズを体感できるぐらいの状態でないと、真の市場把握はできないため、調査しただけでは本来のマーケティング・リサーチのレベルには達しないということで、このような定義となっているのです。革新的な製品を開発するためには、徹底した顧客理解が必要となります。

しかし、顧客にニーズを聞いても顕在化しているものしか把握できず、何らかの力により真実が曲げられる場合もあります。また、顧客が言うことをそのまま製品に反映しても、顧客は未来を考えることができるわけではないので、潜在的なニーズを把握した新しい製品を生み出すことはできません。よって、従来型のマーケティング・リサーチは、革新的な新製品開発には役立たないと考えられてきました。

エスノグラフィック・マーケティング

そこで近年、注目を集めている調査法の一つに、エスノグラフィック・マーケティングがあります。これは文化人類学者が、対象となる人々と生活を共にすることにより調査する手法を、マーケティングの分野に応用したものです。具体的に言うと、対象顧客と数日間生活を共にし、顧客の購買に関わる様子を幅広い文脈で観察することによって、顧客も気づかないニーズやインサイトを深く把握するものです。

エスノグラフィック・マーケティングによって、潜在ニーズが把握できることと、革新的な新製品開発に、マーケティング・リサーチが貢献できる可能性が示されました。

まずは潜在ニーズの把握ですが、顧客にインタビュー調査などを行ったとしても、顕在化しているニーズしか把握することができません。例えば、パソコンのキーボードの使い勝手について質問した場合、自分の技能の問題で入力が速くならないと諦めているユーザーは、

キーボードの問題点を言語として説明することはありません。

　顧客のフィルターを通した言語によってのみ得られる、曲げられた情報を従来のマーケティング・リサーチでは拾ってしまいます。しかし、エスノグラフィック・マーケティングでは、顧客が言語化できない潜在ニーズを、把握することができるようになりました。

　また、顧客が言うことをそのまま製品化したとしても、革新的な新製品の開発にはつながりません。未来は過去の延長線上にあると考える従来型の調査法では、イノベーションは非連続性をつくり出すものであるので、革新的な新製品開発の種を集めることは難しいのです。

　固定概念を捨て、ゼロベースで**顧客を直接観察し深く理解する****ことにより、今までの製品の延長線上に考える思考から脱却できます。**こうして、ニーズを忠実に実現することで、今まで見たことがない革新的な新製品を開発できる可能性が生まれるわけです。

エスノグラフィック・マーケティングのイメージ　　　　　（写真8−②）

出典：shutterstock

P&Gには、「コンシューマー・アンド・マーケット・ナレッジ：CMK」と呼ばれる部署があります。消費者や市場に関する観察を重ねて、そこから得た知見をマーケティングや営業に反映する役割を担っています。

　このCMKが深く関わることにより、画期的な製品を開発した事例として、2004年に発売した柔軟剤『レノア』があります。もともと柔軟剤カテゴリーは、P&Gの中では売上も大きくなく、消費者にとっても洗剤のように、欠かせないものではないという認識で、退屈なカテゴリーと位置づけられていました。CMKは「インコンテキスト・リサーチ」と呼ばれる質的な観察手法を用い、消費者からの回答そのものより、言葉以外の顔色や行動を観察しました。消費者モニターに「柔軟剤に何を付け加えたら嬉しいか？」と聞いたところ、防臭機能を見せると、目を輝かせているモニターの様子を観察できました。防臭機能が付いた、今までにない柔軟剤が生まれた瞬間でした。

　そこで防臭機能を訴求することを狙い、透明度の高い容器を試作して、さわやかなイメージを作ろうとしました。ところが、試作品を消費者モニターに見せたところ、一部のモニターの表情が引きつっている瞬間を、CMKのスタッフは見逃しませんでした。すぐに理由を聞くと、「汚れた水を詰めてあるみたい」という思いもよらない本音が出てきました。自信作を否定されたパッケージデザイナーは落胆しましたが、消費者の声を尊重して、パッケージを作り直して発売することになりました。これによってレノアは、今までにない大きな売上を上げることに成功し、シェアを高めたのはもちろんのこと、柔軟剤市場自体も大きくなりました。

第8章 新製品開発

デザインシンキング

　革新的な新製品を次々に生み出しているデザイン・ファームに、米IDEO社があります。観察によって顧客ニーズを把握することから始まる、デザインシンキングと呼ばれる手法を用いることでも有名な企業です。天才的なデザイナーの力に頼らず、様々な専門を持つ優秀なスタッフが集まることで、革新的な新製品がデザインできる再現性のある新製品開発プロセスを持っています。

　IDEOは、大きく分けて「着想」、「観念化」、「実現化」の三つの段階を通過することによって開発を進めます。

　まず、「着想」の段階では、顧客の観察と理解を徹底的に行います。プロジェクトチーム全員で現場に赴き、顧客を細かく観察して、生身の人間のニーズとウォンツ、動機を理解することに努めます。そして、人々の行動をできるだけ幅広い文脈の中で、人間中心に観察していきます。

　次に、「観念化」の段階では、解決策につながりそうなアイデアを生み出し発展させます。ラフな複数のプロトタイプ（試作品）を迅速に作成して、視覚化しながら改良を重ね、大量のアイデアを出し合います。プロトタイピングは、複雑である必要も、高いコストをかける必要もありません。ブレインストーミングを行って、製品の方向性を探っていきます。

　最後に、「実現化」の段階に進むと、評価と緻密化を行います。機能的なプロトタイプを作成し、技術的な問題やユーザーが直面しそうな問題を解決していきます。複数のプロセスを同時に、インタラクティブに行うことにより緻密化を促進します。技術上の実行可能性とビジネス上の実行可能性を同時に評価していきます。そして、製品設計を完了し、最終製品がうまく機能して製造できることを確認します。この三つの段階すべてに共通しているのは、人間中心に考えるとい

うことです。

IDEOは、ビジネス的にも技術的にも実行可能性の高い製品を設計し、最終段階である顧客側の製造プロセスまで確認するところが、上流工程しか行わないデザイン会社やコンサルティング会社と大きく異なるところです。よって、プロジェクトが途中で頓挫することが少なく、最終製造工程まで、スムーズに進む厳格なプロセスが構築されています。

このような独自性の高い、洗練された開発プロセスを持っているところが、IDEOが顧客に受け入れられ、革新的な新製品を継続的に生み出し続ける源泉となっているのです。

8-4. 新製品開発プロセス

新製品開発のプロセスは、八つの段階に分けることができます。このプロセスで着目していただきたいところが、製品開発の前にマーケティング戦略のステップがあることです。製品ができてから、どのように売るかを考える企業は多くありますが、それではマーケティングが製品開発の後になってしまい、ほとんど意味が無い作業となってしまいます。

例えば、コミュニケーション戦略として、PRを活用するのであれば、世界初や日本初などのニュース性のある製品機能を有している必要があります。ニュース性のないものをメディアは取り上げません。製品開発の後では、このようなコミュニケーション戦略を取ることは不可能です。よって、早い段階でマーケティング・プランを策定する必要があるのです。

それでは、新製品開発プロセスを段階別に説明していきましょう。

新製品開発プロセス （図表8－③）

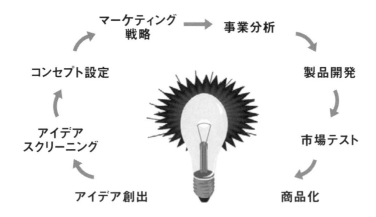

出典：コトラー・アームストロング（2014）『コトラーのマーケティング入門第4版』丸善出版、320頁に筆者修正

アイデア創出

　顧客からの質問や不満を分析し、顧客を観察することにより、顧客のニーズを把握することができます。アイデアはニーズを理解した上で、そのニーズを満たすものから生まれます。
　アイデア創出では、アイデアの評価はしないで、大量のアイデアを出すことから始めます。最終的には使えないアイデアだったとしても、新しいアイデアを生み出す源泉となる場合があるので、他の人が出すアイデアを否定せず、それをインスピレーションとして、新しいアイデアをどんどん出していきます。
　また、アイデアは何も無いところから出すことは難しく、既にあるものを利用すると容易に創出することができます。アイデアを出すための手法は様々ありますが、ここでは一部を紹介しておきます。一例として、前提逆転発想法が挙げられます。前提をいくつかおいて、その前提を逆転させます。その逆転した前提から新しいアイデアを

考えるのです。

　例えば、大学教育を考えた場合、キャンパスで講義を受ける、大学生になるためには高校卒業が必要、授業料が必要、入学試験があるという前提を挙げることができます。

　これら全てを逆転すると、キャンパスで講義を受けない、高校を卒業しなくても大学生になれる、授業料は必要ない、入学試験がないという前提となります。この前提から導かれる製品はないかと考えます。そこで、大学の講義を無料でインターネット上に公開して、誰でも受講できるようなサービスを思いつきます。これは今まで大学教育を受けることができなかった層にも、幅広く大学のサービスを提供する新製品となります。

　MIT（マサチューセッツ工科大学）が世界で初めて行った、無料での大学講義のオープンコース講座が、既に存在しています。MITが最初に行った時は世界を驚かせましたが、今では多くの大学が無料のオープンコースを開講しています。

　次の例として、分割発想法を紹介します。これは、2〜3回テーマとなる言葉を分割していきます。最後に分割された言葉の中から、できるだけ離れた二つの言葉を抽出して新しいアイデアを考えます。

　例えば、顧客サービスで考えてみると、顧客は既存顧客と新規顧客に分けることができ、既存顧客はロイヤルティがある顧客とない顧客に分けることができます。同じ要領で分けていくと、（図表8－④）のような図を作ることができます。

顧客サービスを分割発想法で分解　　　　　　　　　　　（図表8－④）

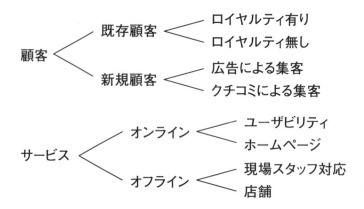

出典：筆者作成

　ここで出てきたワードで、「ユーザビリティ」と「店舗」を組み合わせると、店舗のユーザビリティ改善という新しい顧客サービスが思いつきます。さらに、「クチコミ」と「現場スタッフ」を取り上げると、伝説となるほどの現場スタッフによる高品質なサービスを提供することにより、多くのクチコミを生み出す戦略を考えることができます。
　このように様々なアイデア創出法を活用して、既にあるものから新しいアイデアを大量に生み出していくと効果的です。アイデア出しは、吟味をしないでまずは量を出すことに専念しましょう。

アイデアスクリーニング

　アイデア創出のフェーズでは膨大なアイデアを出すことを主眼に置きました。次のアイデアスクリーニングのフェーズは一転して、有望なアイデアに絞り込んでいく作業になります。
　そこで、スクリーニングするための選定条件を設定します。選定条件となり得るものとしては、Company（企業）、Competitor（競合）、

Customer（顧客）の3Cの観点で考えてみるだけでも、かなりのアイデアが落ちていくことになります。

　企業の軸からみると、このアイデアは自社の事業定義に合っているか、戦略に合致したものか、ブランドに合っているか、十分な人材リソースを割り当てることができるか、予算はあるか、システム開発はできるかなど様々な観点から確認することができます。

　競合の観点からは、競合が既に行っていないか、競合のポジショニングと離れた差別化できるものになっているかなど、考えなければなりません。

　最後に顧客の観点では、顧客満足を高めるものか、ターゲットとしている顧客のニーズに合致するものか、十分な顧客にリーチできる規模を生み出せるかなど、検討する必要があります。

　その他に、競争優位性、ビジネスや技術における実行可能性などの観点も重要です。さらに、事業として期待する売上を上げることができそうか、利益を出すことができるかなど、綿密な算出をするまでもなく、直感的に事業性が乏しいアイデアは切ることになります。ちなみに、ビジネスの市場の大きさを直感的に見積もることができないと、迅速な意思決定ができないため、ビジネス機会を逃すことにつながります。これは、マーケターにとって必須のスキルの一つになります。

コンセプト設定

　製品を顧客にどのように理解してもらうかを、言葉にする作業がコンセプト設定になります。例えば、若者向けの電気自動車では、「どのガソリン車よりも、加速性に優れた電気スポーツカー」といったコンセプトを考えることできます。ガソリン車では経験できない、スポーティな足回りを持った電気自動車というメッセージを、若者に

アピールすることを狙ったものです。前章のポジショニングの基本原理で説明した三つの脳の特性を理解して、分かりやすくシンプルに、顧客に伝わるメッセージを設定することが重要です。

マーケティング戦略立案と事業分析

次に、コンセプトに従ったマーケティング戦略を立案します。市場を細分化し、その中から対象顧客を選び、その顧客の脳裏に製品をどのようにポジショニングするか考えます。そして、具体的なマーケティング・プランを設定すれば、マーケティング戦略のできあがりです。

これをフレームワーク化すると、「STP-4P」となります。STPは、Segmentation、Targeting、Positioningの頭文字を取ったもので、市場を知ること、そしてターゲットにする潜在顧客を見つけ出すことに役立ちます。次に、他社製品と比較して相対的に、どこに製品のポジショニングを置くかを決めます。これは製品の差別化や競争優位性をどのように構築するかを考えることになるので、将来的に利益を生み出し続けることができる製品を開発するためには、大切な作業となります。

そして、このポジショニングに沿ったProduct(製品)、Place(流通)、Price(価格)、Promotion(プロモーション)の4Pを具体的に考えます。日本の企業は4Pを管轄する部署が分かれている場合が多いので、どこまで4Pを統合的に考えることができるかがポイントになります。

次の段階として、事業分析を行います。マーケティング戦略に従った事業を考えた場合、見込まれる売上、コスト、利益をできるだけ精度を高めて算出します。十分な売上規模があり、財務的に問題のないコストであり、十分な利益を上げることができるかを評価する

のです。ここで事業性があると判断できると、製品開発のステップに進むことができます。

製品開発と市場テスト

　ここからは製品を実際作る段階に入ります。まずは、ラフなプロトタイプを開発し、プロトタイプの改善と改良を繰り返すことにより、製品の精度を上げていきます。紙ベースでは見えてこなかった、使い勝手や安全性などの観点を視覚で簡単に確認することができ、実行可能性を高めることに役立ちます。

　社内において十分精度を高めることができたものを、市場テストによって実際の顧客に使用してもらい、仮説検証や新たな問題点の発見などに役立てます。さらに、パッケージ・デザインや価格など候補が複数ある場合は、最適なものを決定するために、市場テストを利用することもよくあります。

商品化

　市場テストで集まったデータを検証して、新製品として発売するかどうか、最終的な意思決定を行います。本格的な商品化となると、製品を大量に生産するための生産設備を作るための予算や、新製品の認知を広めるために初年度は広告、販売促進などの大規模なマーケティング予算が必要になります。一度、商品化の意思決定がされてしまうと、企業にとって経済的なリスクを負うことになるため、十分な検討を行わなければなりません。

第8章　新製品開発

8-5. ケーススタディ〜GoPro〜

　バンジージャンプなどの体感動画は、テレビ番組などで多用されてきましたが、一般消費者向けの『アクションカム』と呼ばれる市場を創ったのは米GoPro社です。

　ヘルメットなどに取り付けて、スキーやバイクなどの激しい動きを、人目線で手軽に撮影することができるウエアラブルビデオです。テレビの世界でしか見たことがなかった映像が、YouTubeなどでシェアされて、一気に広がりました。アクションカムのリーディングカンパニーである同社は、今やビデオカメラ市場全体で大きな存在となっています。

　GoProを設立したニック・ウッドマンCEOは、サーフィン好きで、自らサーフィンをしている時の迫力ある映像を撮りたいと思ったことがきっかけで、結果的にビデオカメラのメーカーを設立することになります。

　最初はカメラを固定するためのストラップ作りから始めたのですが、これではうまく固定することができないため、カメラそのものを開発するメーカーになろうと思い、GoProを立ち上げました。

　まず、ユーザーのニーズからゼロベースで開発すべき製品を考えるという、本来あるべきマーケティング発想の新製品開発プロセスに基づいているところが注目されます。顧客ニーズを徹底的に理解することは、ウッドマン氏がユーザーなので、開発したいものを最も知っている者が開発側のリーダーとなったという究極のケースとも言えます。

　そもそも、ウッドマン氏はビデオカメラを作りたかったわけではな

く、サーフィンをしながら迫力ある画像を撮りたかったわけです。4分の1インチ電動ドリルが欲しい顧客の真のニーズを指摘した、レビット博士のマーケティング発想に基づいて、新製品開発を実践したケースとまさに言えるでしょう。

　日本のメーカーは、既にあるビデオカメラの各機能を改善することに注力するので、製品志向の発想で新製品開発を考えてしまいがちです。透明性が高いデジタル時代は、顧客志向の新製品開発を行わないと成功は難しくなっています。原点に立ち返って、基本となる新製品開発プロセスを見直しましょう。

『アクションカム』の顧客でもあるウッドマン氏　　　　　　　（写真8－⑤）

出典：GoPro

第8章 新製品開発

8-6. 第8章のまとめ

　ニーズを満たすものが製品であって、企業が開発したモノが製品ではありません。今ある製品の改善や、新しい技術による開発によって生み出されるものを、新製品とは呼べません。そもそもの定義に立ち返れば、モノを開発する前に、マーケティングを行う必要性は無理なく理解できます。

　マーケティング戦略を立案して、その戦略に基づいた設計図に従って、新製品開発を行うことが正しいプロセスとなります。その中でも、スタートとなるニーズの把握が非常に重要であることは、製品開発の定義から分かるのです。

　よって、近年では、エスノグラフィック・マーケティングのようなニーズ把握に力点が置かれた、マーケティング・リサーチに力を入れる企業が成功を収めています。シリコンバレーを中心とする米国のメーカーズは、ここが得意なわけで、マーケティングを主体とした新製品開発へパラダイム・シフトすることが日本企業には求められています。

<了>

第 **9** 章

価格戦略と
チャネル戦略

執筆：アマゾン ジャパン
　　　シニアプロダクトマネージャー
　　　立川麻理

9-1. 価格戦略とチャネル戦略とは？

　マーケティングの4Pにおける二つの要素が価格（Price）とチャネル（Place）です。価格とは、製品やサービスの対価として支払う金銭的な価値を指します。企業は利益を確保するために、顧客価値、競合環境、製造コストなどを考慮しながら、戦略的に価格を設定する必要があります。また、その維持や変更をしていくことが重要です。競争の激化、製品のコモディティ化、需要の落ち込みなどの理由で値下げを余儀なくされる場合や、コストの上昇により値上げをせざるを得ない場合もあります。特にモバイル端末の普及により、いつでもどこでも価格を比較できるようになった昨今では、柔軟かつ迅速に価格の調整を行う一方で、商品やサービスそのものを改善しながら、価格に見合った価値を維持することが求められています。

　チャネルには、流通チャネル、販売チャネル、コミュニケーション・チャネルと大きく三つありますが、ここでは流通チャネルと販売チャネルを取り上げます。流通チャネルは、購買者に製品やサービスを届けるチャネルで、販売チャネルは、購買者へ製品の販売を行うチャネルです。売り手の製品を効果的に顧客に販売し、効率的に届けることで企業の競争優位性が高まります。製品の特性、顧客の特性、競合環境などを総合的に考慮に入れて、最適なチャネルを選択して構築する必要があります。また、商品の流通スピードを高め、膨大な顧客情報をマーケティングに活用するeコマースは、チャネル戦略を考えるうえで無視できない存在となりつつあります。なお、マーケティングの4PのPlaceを本書では「流通戦略」としていましたが、本章においては流通チャネル、販売チャネルと分類するため「チャネル戦略」と表記しています。

第9章のポイント

- ☐ 利益を確保するために、顧客、競合、自社の総合的な視点で分析して、価格の設定を行う。
- ☐ 価格は設定後もしっかりとモニターをして、その維持や変更を継続して行うことが重要。
- ☐ モバイル端末の普及で商品やサービスの価格比較が容易になったため、価格の調整を行う一方で継続的に商品やサービスそのものの価値を高めたり伝えたりする必要がある。
- ☐ 製品の特性、顧客の特性、競合環境などを総合的に考慮に入れて、最適なチャネルを選択して構築する。
- ☐ 一企業がオンラインとオフラインの双方で流通及び販売を行う傾向が高まっているため、それぞれの役割を考えて効果的に販売することが求められている。

9-2. 第9章の全体像

　価格には、製品やサービスの価値を数字で消費者に伝えるという重要な役割があります。価格を設定するにあたり考慮しなければならないのは、顧客視点での価格の受容性、競合視点での価格の競争優位性、自社視点での商品の収益性の三つが挙げられます。

　企業は利益を確保しながらも、消費者が納得する適正な価格を設定する必要があります。新製品を発売する際には、その目的に沿って戦略的に価格を設定します。誰をターゲティングして、どのような結果をもたらしたいのかをシミュレーションしながら、価格戦略

を行います。また市場に商品を送り出したあとにも、売上や価格の
推移をモニターしながら、価格の調整を行います。特にインターネッ
トでの価格検索がいつでもどこでも行えるこの時代においては、購
買行動データをもとに需要予測をしながら、柔軟かつ迅速な価格の
調整が求められます。一方で、価格が示している価値を維持できる
ように商品やサービスを改善し、それを消費者に認知してもらえる
ように発信することで価格競争に巻き込まれることを防ぐこともでき
ます。

　チャネルでは、「商品をどのような経路で顧客に届けるのか」とい
うことを考えます。チャネルの考え方は多様ですが、ここでは購買
者に製品やサービスを届ける流通チャネルと購買者へ製品の販売
を行う販売チャネルを取り上げます。流通チャネルには、商品の流
れに関する「物流」、代金の流れに関する「商流」、購入時の情報の
流れに関する「情報流」の三つの側面があります。たとえば、スー
パーマーケットで商品を買う場合、物流は、商品が店舗の倉庫から
陳列棚に運ばれ、顧客が商品を買い物かごに入れてレジまで持って
いく過程です。商流は、このレジでの支払いで、情報の流れは、商
品のバーコードを通じて登録されるPOSデータやクレジットカード
で支払った場合の顧客データに当たります。販売チャネルには、人
を介して商品が流通する「人チャネル」、通販などの媒体を介して
商品が流通する「情報媒体チャネル」、場所を介して商品が流通す
る「店舗チャネル」があります。インターネットの普及により、それ
ぞれの販売チャネルが単体で存在するよりも、オムニチャネル化さ
れて相互に依存する形で存在する傾向が高まってきています。消費
者の購買行動を理解し、製品の特性や競合環境などを分析しながら、
最適なチャネルを選択して構築していく必要があります。

価格設定の仕組み　　　　　　　　　　　　　　　　　　　　（図表9－①）

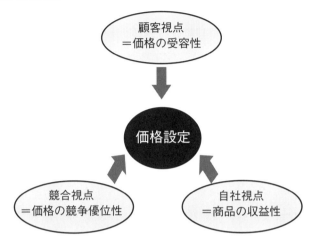

出典：著者作成

9-3. 価格設定の方法

価格設定の重要性

　収益性を左右する価格設定は、事業戦略にとって重要です。効果的な価格設定を行うためには、その目的を正しく認識する必要があります。価格設定の目的は、新規に市場をつくり上げることかもしれないし、既存の市場でシェアを拡大することかもしれません。どのような目的を設定するにしても、その設定と市場導入後のモニタリングは慎重に行わなければなりません。ここでは顧客・競合・自社の視点から価格設定について説明します。

顧客視点での価格設定

　価格を支払うのは、商品やサービスを受け取る顧客です。まずは顧客の立場で提供する商品やサービスの価格の受容性を理解しなければなりません。より多くのターゲットが「この商品であればこの価格でも買う」というポイントを見つけ、価格設定の裏付けとします。

競合視点での価格設定

　市場に商品やサービスを出す時に、競合を理解する必要があります。なぜならば、顧客の財布は一つで、その財布から出ていくお金を競合と共に争っているからです。また特定の商品やサービスに支払う価格の感覚値がすでに顧客の潜在意識の中で存在している場合がほとんどなので、競合分析によりその感覚値のあたりをつけます。価格設定の時点では、３Ｃ分析を終えているので、競合と設定した企業の製品やサービスの特徴、マーケティング戦略などを加味しながら、「この価格で市場の競争に勝てるのか」という視点で価格を調整します。

自社視点での価格設定

　商品やサービスそのもののコストと利益率は、会社から常に問われる自社視点です。いくら売上を稼いでも、利益が生まれなければ経営を成り立たせることは困難です。マーケティングではコスト構造を理解し、最適化へのサポートをすると共に、会社が定める利益率の基準値を超えない範囲で価格が設定されているのかを確認し、ファイナンスや経営陣の承認をあらかじめ取るのが一般的です。

価格の調整

これらの視点から、総合的に価格を評価して最終価格が決定されます。その過程では、競争力や利益率を重要視してコストダウンを図ったり、価格の価値を高めるために新たな機能訴求を追加したりと様々な調整が行われます。また、市場に製品やサービスを送り出したあとも、価格は外部要因や内部要因で変動し続けるため、それを管理することも重要です。

需要の価格弾力性

需要の価格弾力性とは、価格が変動することによって、ある製品やサービスの需要が変化する度合いを示す数値です。計算方法としては、需要量の変化率（％）／価格の変化率（％）で算出します。一般的には、ある商品の価格が上昇すると、その商品の需要量は減少します。したがって、価格における需要量を示す需要曲線（Derived Demand Curve、以下DD）は通常右下がりで示されます（図表9－②参照）。右下がりのため、価格弾力性の値はマイナスとなるので絶対値を使用します。

たとえば、100円で100個売れている商品を120円に値上げした場合、売上が90個に減少したとすると、需要率の変化率は100個から90個に減ったので10％、価格の変化率は100円から120円に増えたので20％になり、価格弾力性は10％／20％で0.5ということになります。通常、価格弾力性の値が1を超えると「弾力性が大きい」と言い、1より小さいと「弾力性が小さい」または「非弾力的」といいます。

価格弾力性が小さい場合は、価格が変動してもあまり需要は変化しませんが、価格弾力性が大きいと、価格の変化により需要が大

価格における需要量を示す需要曲線　　　　　　　　　　（図表9－②）

需要の価格弾力性 η_1 は、次の式で与えられる。

$\eta_1 = -$（需要量の変化率(％)）／（価格の変化率(％)）

$\eta_1 = -\dfrac{\Delta X / X}{\Delta P / P} = -\dfrac{\Delta X \times P}{\Delta P \times X}$

DDを見て分かる通り、価格が下がると需要が上がるといった関係があり、需要の価格弾力性はマイナス値になる。このため、需要の価格弾力性には絶対値が用いられる。

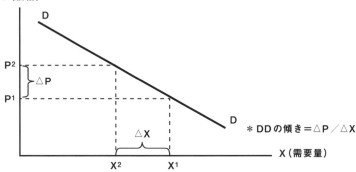

【計算例】
例えば、￥100では、通常100個売れる商品を、￥120に値上げし、売上数量が90個に減少してしまった場合では、以下のようになる。
・需要量の変化率　：10％
・価格の変化率　　：20％
・価格弾力性＝10％/20％＝0.5

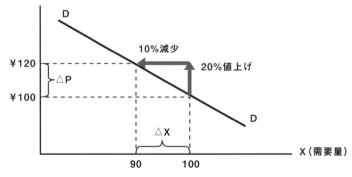

出典：JMR生活総合研究所Webサイト

きく変わります。通常、単価の低い生活必需品は価格弾力性が小さく、単価の高い贅沢品は価格弾力性が大きいといわれています。また、価格弾力性は、様々な外的要因にも影響を受けます。市場に代替え品があるのか、代替え品にスイッチする際の手間やコストはどれだけかかるのか、など多角的な視点で分析をする必要があります。

9-4. 価格に関する情報収集の方法

顧客視点での情報収集

　企業は「良い商品だからできるだけ高く売りたい」と考えますが、一方で、顧客は「自分の納得する価格で買いたい」と考えています。そこで、顧客視点で最適な価格設定ポイントを見つけるために、PSM (Price Sensitive Measurement) と呼ばれる分析を用いることがあります。ある商品やサービスに対する消費者全般が持つ参照価格の分布を見るものであり、価格設定範囲がわかります。次の四つの質問で消費者にとっての価格意識を聞き、下限価格、上限価格、理想価格、妥協価格を導き出します。

①この商品がいくらから「高い」と感じ始めますか？
②この商品がいくらから「安い」と感じ始めますか？
③この商品がいくらから「高すぎて買えない」と感じ始めますか？
④この商品がいくらから「安すぎて品質に問題があるのではないか」と感じ始めますか？

　上限価格とは「これ以上高くなると、誰も買ってくれなくなる」という価格ポイントです。贅沢品、プロ向けの商品や、付加価値の付

いた商品の場合、上限価格を参考にすると効率的な価格設定になる場合があります。

下限価格とは「これ以上安くすると、品質に問題があるのではないかと感じ始める」価格ポイントです。コモディティ化された商品や、特売などのプロモーション価格として参考になります。

妥協価格とは「この商品ならこれくらいの価格までなら支払う」という価格ポイントです。消費者の潜在意識であらかじめ決まっている許容範囲の価格ともいえます。

最後に理想価格とは、「この価格なら悩まずに買う」という消費者が望む理想的な価格ポイントです。本来であれば、この理想価格に合わせたいところですが、実際は利益率やコストを考えると、採算が合わないこともあります。

顧客視点による価格設定 （図表9-③）

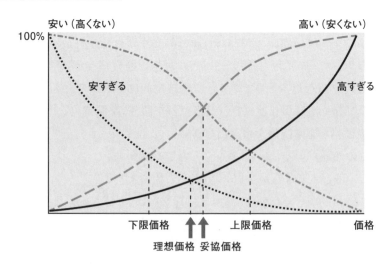

出典：日経リサーチWebサイト

競合視点での情報収集

　コンセプトテストのみで価格の受容性を判断して価格設定をしてしまうと、実際に商品を発売したあとに売れない、といった事態を招く恐れがあります。なぜならば、商品を購入する時の競合環境によって、消費者の判断基準が変わってくるからです。そこで、より実際の購入体験に近づけてテストをする手法があります。店舗で売る商品の場合は、実際に店の棚を再現して行うシェルフチョイステストを行います。また、eコマースでは比較的価格を変更することが容易なので、商品を市場に出してから競合を分析して戦略的に価格を調整することがあります。

自社視点での情報収集

　価格を考えるに当たり、商品のコストストラクチャーを理解する必要があります。原価以外にも販促費、マーケティング活動費、流通コストなど、一つの商品を売るためにかかるコストを試算し、それにどのくらいの利益を乗せるのかといった経営的な判断を加え、最終的な価格を算出します。その際に販売量の予測も考えなければなりません。販売量が上下すれば一つの商品で吸収しなければならないコストも左右されます。

第9章 価格戦略とチャネル戦略

9-5. 価格戦略

ペネトレーション・プライシング

　ペネトレーション・プライシング（市場浸透価格設定）とは、新製品の発売時に相対的に低い価格を設定し、競合他社が追随する機会を排除する戦略です。いち早く市場で高いマーケットシェアを獲得するために利益を求めずに低価格を設定します。その背景に、マーケティングでは、「最初に顧客の心に入り込む」ことが重要であるという前提があります。自分の商品がほかの商品より優れていると人々に納得させることより、顧客の心に最初に入り込むことのほうが簡単とされているのです。

　ペネトレーション・プライシングを採用することによって、販売量を急激に増加させ、生産コストを削減することによって、収益を拡大することを狙っています。しかし、リスクも高いため、広い潜在市場が存在している、早期に市場シェアを拡大できる、価格変動による需要への影響が大きい場合など、あらかじめ効力を発揮できる条件下にある場合に機能する戦略といえます。

スキミング・プライシング

　スキミング・プライシング（上澄吸収価格設定）とは、新製品の発売時に相対的に高い価格を設定し、大幅な利益を計上することで、早期に新製品の開発コストを回収する戦略です。それほど価格にこだわらないファン層がターゲットとなるので、導入期に高い価格で新製品を提供して初期投資の回収を図り、場合によっては成熟期

206

に価格の引き下げを行い、より大衆向けに消費の拡大を図ります。競合の参入を許してしまうリスクがあるので、より差別化が優れている場合や、価格弾力性が小さく、価格によって需要が左右されない場合などに有効とされています。スキミング・プライシングによってプレステージ性の高いイメージを構築できたり、高い価格でも購入してくれる優良顧客を獲得して高い利益を得たり、といった効果が期待されます。

イールド・マネジメント

　イールド・マネジメント（収益管理）とは、価格を状況に応じて変更させて企業の収益を最大化させる戦略です。適用条件として、商品やサービスを在庫として持ち越せない、配給量が固定されている、変動費が少ない、需要に季節変動がある、などが挙げられます。

　イールド・マネジメントは1970年代のアメリカ航空業界で誕生しました。飛行機は固定された座席数で運行されるため、もし空席のまま出発してしまうと、在庫として繰り越すことができずに目的地まで運送するというサービスの供給が不可能になってしまいます。しかも航空事業は燃料など固定費の比率が大きく、人数の増加による変動費が少ないため、空席がもたらす収益へのダメージは大きくなります。そこで、需要分析を行い、需要が低い場合、価格を低く設定して需要を喚起し、需要が高い場合、価格を高めに設定して収益の最大化を図ったのが、このイールド・マネジメントです。具体的には、まず、料金支払い意欲によって消費者をいくつかの分類にセグメンテーションします。分類化された消費者がいつ、どのくらいの規模で現れるのかを需要予測して、それに合わせて座席などのリソースを確保し、料金区分を割り当てて、販売や予約受付を行います。また販売後の売れ行きの状況によって価格を調整し、「売り切る」こと

第9章 価格戦略とチャネル戦略

を目指します。

　今やこのイールド・マネジメントは航空業界のみならず、ホテル、レストラン、映画館などの商業施設でも使われるようになっています。また、小売業における見切品のディスカウント販売、型落ち製品などの段階的値下げも、このイールド・マネジメントに当てはまるといわれています。さらに昨今では、eコマースにおいて、価格比較や価格変動をタイムリーに発信しながら販売する手法や、オークションなど顧客が値付けして販売する手法、共同購入により格安にクーポンを発券して販売する手法など、ビジネスモデル化されるケースも見受けられます。今後、顧客データの活用やモバイル端末の普及が加速する中で、イールド・マネジメントはさらに進化する可能性があるのではないかと考えます。

価格戦略のもう一つの考え

　価格戦略を考えるにあたり、忘れてはならないのが供給する商品やサービスの価値を高めて継続的に伝えていくことです。価格とは商品やサービスの対価として支払うべき金銭価値のことを指します。そのため、単に価格を調整して需要を捉えるだけではなく、提供している商品やサービスそのものの価値が顧客のニーズを捉えているのか、競争力があるのか、満足のいくものなのか、といった視点でも分析して改善を重ねることが重要です。

208

9-6. チャネルの概要

チャネルの種類

チャネルには、流通チャネル、販売チャネル、コミュニケーション・チャネルと大きく三つありますが、ここでは流通チャネルと販売チャネルを取り上げます。流通チャネルとは、商品が製造者から消費者に届くまでの流通経路全体のことを指します。その流れの中で、購買者が商品と接点を持つチャネルのことを販売チャネルと呼んでいます。販売チャネルの例としては、デパート、スーパーマーケット、ドラッグストア、オンラインストアなどがあります。

チャネルの媒体

チャネルの媒体には、「人チャネル」「店舗チャネル」「情報媒体チャネル」の三つが挙げられます。人チャネルとは、人を介して商品やサービスを流通させるチャネルです。新聞や車などの訪問販売が代表的な例として挙げられます。店舗チャネルは、場所を介して製品を流通させるチャネルです。コンビニやスーパーマーケット、デパートから自動販売機まで含まれます。情報媒体チャネルとは、インターネットショッピング、テレビ通販、カタログ通販など、情報媒体を介して流通させるチャネルを指します。日用品から住宅サービスまで多岐にわたるカテゴリーの製品やサービスが情報媒体チャネルを使って流通しています。

第9章　価格戦略とチャネル戦略

チャネルの管理

　商品やサービスの流れに関して、自社の所有度に応じて、直接販売、半直接販売、間接販売の三つの管理方法があります。

　直接販売とは、製造者が製品を直接消費者へ販売することを指します。主な例として、製造会社の直営店やインターネット販売などがあります。直接販売は製造者がチャネルの管理をすべて行うため、集客から顧客の購入体験まで一貫したコミュニケーションを伝えることができます。その分、人やお金のリソースという面で大きな投資が必要とされます。

　間接販売は、製造者と消費者の間に卸売業者や小売業者を入れて販売することを指します。たとえば、スーパーマーケットや総合インターネットショッピングサイトなどで商品やサービスなどを販売する場合が間接販売に当たります。間接販売のメリットは、卸売業者などを間に入れることで、自社で販売するために必要なコストを抑えながら、自社製品を広い範囲の地域に流通させることですが、製品のディスプレイや価格など、チャネルに対する管理が難しくなる場合もあります。

　半直接販売とは、自動車の販売ディーラーやファストフードチェーンなどに見られるフランチャイズビジネスなどのことを指します。店舗の運営は製造する企業が行う一方、消費者に効率良くサービスを提供するために商品の供給や、販売ノウハウの提供などを会社が行います。直接販売ほど費用はかからず、チャネルのコントロールがある程度保てるというメリットがあります。

仲介業者の管理

　間接販売、半直接販売をチャネルとして選択した場合、製造者は

チャネルで使う仲介業者の管理方法を決める必要があります。流通チャネルには、開放的流通、選択的流通、排他的流通の三つの方法があります。

　開放的流通とは、取引する仲介業者に制限を設けずにできるだけ多くの小売店に製品を届けたい時に使われます。日常的に消費される製品に使われる場合が多いです。

　選択的流通とは、仲介業者の中から取引を行う会社を一定数選択したうえで製品を流通させることです。開放的流通よりはコントロールしやすく、ある程度の地域範囲をカバーすることができます。

　排他的流通とは仲介業者を厳しく制限し、サービス水準やブランドをコントロールしたい場合に使われます。ブランド・ガイドラインなどを厳しく設けているフランチャイズなどが排他的流通に該当します。

9-7. チャネル戦略

オムニチャネルとは？

　オムニチャネルとは、店舗、カタログ通販、オンラインストアなど、複数の販売チャネルや流通チャネルのすべてを統合させて、一つのシームレスなチャネルを構築することです。オムニチャネルが実現すると、顧客はインターネットで商品を注文して店舗で商品を受け取ったり、店舗で在庫切れの商品をその場でインターネット注文して自宅に配達してもらったり、いつでもどこでも商品を購入して受け取ることができるようになります。

　オムニチャネルの登場の前にマルチチャネルという考え方がありました。特定の顧客をターゲティングしてチャネルを使い分けると

いう手法です。たとえば、シニア層には実店舗、主婦層にはカタログ通販、学生層にはオンラインといったように顧客が利用する可能性の高いチャネルを特定して使い分けていました。

しかし、インターネットやモバイル端末の普及により、一人の顧客が、認知から購買に至るプロセスにおいて複数のチャネルを使い分けるといった態度変容が見られるようになりました。たとえば、「店舗で商品を認知し、その場でモバイル端末を見ながら価格を比較し、家に帰りパソコンで注文する」というように、複数のチャネルを横断した購買プロセスに変化していきました。そこで、顧客を中心にすべてのチャネルを連携して考えるオムニチャネルが登場します。

オムニチャネルは、顧客がいつでもどこでも商品の購入、受け取りができるようにするだけではなく、企業側にもメリットをもたらします。品切れの商品があってもその場でオンライン注文できるようにして機会損失を無くしたり、複数チャネル間で在庫管理をするこ

マルチチャネルとオムニチャネル　　　　　　　　　　　（図表9−④）

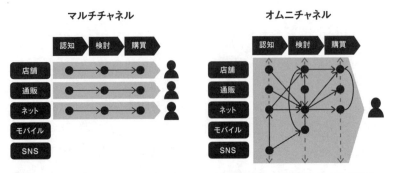

出典：野村総合研究所Webサイト

とで、在庫超過を減らしたりすることが可能になります。

O2Oとは?

　O2Oとは、ECサイトやソーシャルメディアなどの「Online」と、店舗を示す「Offline」での購買活動が相互に連携・融合しあう仕組みのことを指します。一般的には「Online to Offline」という意味で使用され、オンラインでユーザーとの接点をつくり、オフラインの集客へと結び付けるマーケティング施策のことを指します。たとえば、スマートフォンで割引クーポンを配布したり、企業のホームページで特典付きの来店予約を告知したりして店舗へ誘導します。

　また、近年では逆に「Offline to Online」という意味でもO2Oという言葉が使われるようになりました。たとえば、商品にQRコードを付けて、店頭でスマートフォンをかざして読み込むとECサイトにつながるようにすることや、店舗とECサイトの購入に応じたポイントを統合することで、店舗で購入したあとにECサイトでも購入を促進させることなどが挙げられます。オンラインとオフラインのチャ

O2Oの仕組み　　　　　　　　　　　　　　　　　　（図表9-⑤)

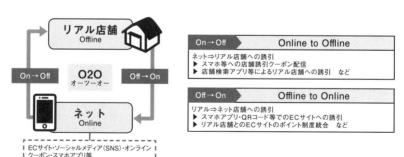

出典：総務省情報通信国際戦略局情報通信経済室
　　　「O2Oが及ぼす企業活動の変化に関する調査研究」より作成

ネルを統合するという点においては、O2Oもオムニチャネルの一つの役割として捉えることができます。

ショールーミング

　ショールーミングとは、商品の購入を検討する際に、店舗で商品を確かめ、店員を介して商品知識を身につけてから、店舗ではなくオンラインストアで購入するという形態のことを指します。このような新しい購買行動は、顧客が一つのチャネルだけで購買プロセスを完了せず、それぞれのチャネルをその利点によって使い分けるようになったことが背景にあります。

　ショールーミングは店舗がショールーム化して商品が売れないという現象が起きるので店舗を悩ませてきましたが、オムニチャネル化はショールーミングに対して一つの有用な解決策となっています。モバイル端末を利用して顧客の目の前で他店の値段を比較できるようにしたり、店舗に在庫が無い場合でもオンラインストア用の倉庫から商品を発送したりできるようにすることで、販売の機会損失を防ぐ取り組みが可能になります。

9-8. 第9章のまとめ

□価格設定

　顧客価値、競合環境、製造コストを考慮して、利益を確保しながらも、消費者が納得する適正な価格を設定します。

□価格に関する情報収集

　顧客視点で最適な価格設定ポイントを見つけるためにPSM（Price Sensitive Measurement）と呼ばれる分析方法があります。競合視点で価格の受容性を理解する手法としては実際の購入を再現するシェルフチョイス・テストなどがあります。さらに原価、販促費、マーケティング費、流通コストなど商品のコスト・ストラクチャーを理解する必要があります。

□価格戦略

　ペネトレーション・プライシング、スキミング・プライシング、イールド・マネジメントなど、商品の特性や競合環境に応じて戦略的に価格を決める手法があります。一方で、企業は価格に見合った価値を高めて継続的に伝える必要があります。

□チャネルの概要

　流通チャネルとは、製品が製造者から消費者に届くまでの流通経路全体で、販売チャネルは、購買者が製品と接点を持つ場所を指します。流通経路には商流（お金と所有権の流れ）・物流（製品やサービスの流れ）・情報流（情報の流れ）が人・情報媒体・店舗という媒体を通じて流通しています。

第9章　価格戦略とチャネル戦略

□チャネル戦略

　インターネットやモバイル端末などテクノロジーの進化により、複数の販売・流通チャネルが統合されたオムニチャネルや、オンラインやオフラインを情報や商品が行き交うO2O、また商品を店頭で確認してオンラインショップで購入するショールーミングなど、時代の流れに応じて様々なチャネル戦略が取られています。

<了>

第 10 章

コミュニケーション戦略

執筆：アマゾン ジャパン

　　　シニアプロダクトマネージャー

　　　立川麻理

第10章 コミュニケーション戦略

10-1. コミュニケーション戦略とは？

　製品やサービスの情報をターゲットに対して効果的かつ効率的に伝えるのがコミュニケーション戦略です。消費者のニーズに合致した製品を開発して魅力的な価格を設定し、いつでもどこでも買える状態にしても、顧客にその情報を伝えなければ、その商品が認知されることがなかったり、認知されても購入意向を高めたりすることができず、販売にはつながりません。コミュニケーション戦略では、誰に対してどこでどのような情報を伝達すれば、企業が設定するビジネスの目的を達成できるのかを考えます。

　コミュニケーション戦略のプロセスとして、まずは目的の設定を行います。誰になにを伝え、どのような態度や行動の変化を起こさせたいのかを明らかにします。次に変化の各段階において、どのメッセージをどのコンタクトポイント（またはタッチポイント）で伝えると目的を達成できるのかを考えます。最後にそれぞれの段階における効果検証を行い、コミュニケーションの内容やミックスを最適化していきます。

　顧客とのコンタクトポイントであるコミュニケーションの手段にはいくつか種類があります。企業のメッセージをダイレクトに伝える「広告」や、ニュースとしてメディアに露出する「パブリック・リレーションズ」、売り場でのプッシュを行う「販売促進」、家族、知人など第三者を介して紹介される「クチコミ」などが挙げられます。これらを組み合わせて相互作用させながら、ターゲットに的確に情報を伝えていきます。

　これまでコミュニケーション戦略というと、時間をかけて大きな投資を行い、中長期的にコミュニケーションを浸透させていくとい

218

う手法が主流でしたが、昨今では、企業からの情報発信だけではなく、情報を受け取る消費者からの自発的なコミュニケーションが即効性が高く強い影響力を持ち始めているので、直接的なコミュニケーションだけでなく、その波及効果を考えた間接的なコミュニケーション、つまり消費者が拡散したくなる仕掛けづくりを考える必要が出てきています。

第10章のポイント

☐ コミュニケーション戦略では、誰にどこでどのような情報を伝達すれば、企業が設定するビジネスの目的を達成できるのかを考える。

☐ コミュニケーション戦略のプロセスでは、目的を達成するために誰になにを伝え、どのような態度や行動の変化を起こさせたいのかを明確にする。そして、変化の各段階におけるメッセージやコミュニケーション・ミックスをつくり、効果検証をしながら最適化していく。

☐ コミュニケーションの内容は、一貫したキーメッセージを伝える一方で、コンタクトポイントやターゲットの態度や行動の変化段階に応じて変えていく。

☐ コミュニケーション・ミックスにはいくつかの種類があるが、その役割を理解したうえで、組み合わせながら相乗効果を狙う。

☐ 企業からの一方的なコミュニケーションだけではなく、消費者からの自発的なコミュニケーションを誘発するような仕組みを考えることも効果的。

第10章 コミュニケーション戦略

10-2. 第10章の全体像

効果的なコミュニケーションの開発には次の六つのステップがあります。①コミュニケーション目的の設定、②購買決定プロセスの理解、③メッセージの作成、④コミュニケーション・チャネルの選択、⑤コミュニケーション・ミックスの決定、⑥効果測定と最適化です。

①コミュニケーション目的の設定

誰に対してなにを伝え、どのような変化を起こしたいのかを設定します。コミュニケーションを考える段階では、すでにビジネス戦略が定まっているため、コミュニケーション目的はビジネス目的にも合致しているものでなければなりません。コミュニケーション目的を設定する場合は、ターゲット以外にも、購買に影響を与えるインフルエンサーや、情報が拡散されるメディアが対象者となり得るので、ターゲット・オーディエンス（標的視聴者）という視点で、誰に対してメッセージを伝えるかを考え、複数いる場合は個別に目的を設定し、コミュニケーションを考えます。

②購買決定プロセスの理解

消費者が購買に至るまでに「認知、感情、行動」の段階を通過するといわれています。その過程を顧客の視点で細分化したものにAIDMA（アイドマ）やAISAS（アイサス：電通商標登録）といったモデルがあります。ターゲットがどの段階にいるのかによって、コミュニケーションの内容や手法を変えることで、より効果的、効率的に

220

購買へと導くことができるとされています。

③メッセージの作成

メッセージを作成するには、内容（なにを）、構成（論理的に）、フォーマット（象徴的に）、発信源（誰が言うのか）という要素を考えます。高い専門性が問われる場合が多いので、通常、クリエイティブを制作するチームと協働します。その場合、クリエイティブ・ブリーフといわれるコミュニケーションの設計図を作成し、コミュニケーション戦略の全体像をクリエイティブ・チームと共有します。ここで顧客のインサイトを見極めることが、インパクトのある表現で伝えるためのクリエイティビティにつながります。

④コミュニケーション・チャネルの選択

コミュニケーション・チャネルには人的と非人的の二種類があり、それぞれさらに細かいチャネルが存在します。人的チャネルであれば、企業の販売員がターゲットに接触する企業チャネル、企業とは関係のない商品やサービスの専門家がターゲットに接触する専門家チャネル、友人や家族などがターゲットに情報を伝達する社会的チャネルがあります。また、非人的チャネルには、テレビ、新聞、インターネットなどのメディアやプレスリリースやスポンサーのイベントなどが挙げられます。

⑤コミュニケーション・ミックスの決定

「広告」「パブリック・リレーションズ」「クチコミ」「ダイレクト・マーケティング」「販売促進」「人的販売」など複数の種類がありま

す。それぞれの特性や効果を理解しながら、適正な組み合わせを考える必要があります。コミュニケーション・ミックスを考えるにあたり、購買決定プロセスでの分析結果が重要になります。いつどこで誰にコミュニケーションを伝えると目的が達成できるのかを考えて、オフライン、オンラインの双方でミックスを捉える必要があります。特に一日の接触時間が長いオンラインでのコミュニケーションは、現代のマーケティングでは広く活用され、その手法も進化し続けています。

⑥効果測定と最適化

コミュニケーション戦略を考えるにあたり、業績評価の指標となるKPIを定めてトラッキングしたり、ROIを測ったりします。先に述べた購買決定プロセスのモデルに沿って、各段階でコミュニケーショ

コミュニケーション戦略の全体像　　　　　　　　　　（図表10－①）

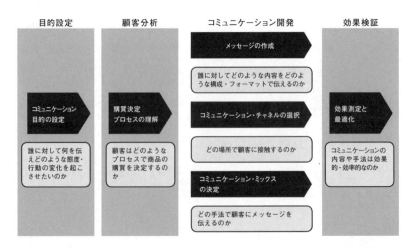

出典：著者作成

ンが正しいものであったかどうかを検証し、より効果的、効率的なコミュニケーションへと進化させます。

10-3. 購買決定プロセス

　コミュニケーション開発をするにあたり、重要なのは消費者の購買決定プロセスを理解してそれぞれの段階に応じて施策を考えることです。なぜならば、消費者が購買に至るまでに「認知、感情、行動」の段階を通過するといわれており、消費者の心理状況に応じてコミュニケーションを行うことで、効果的・効率的に購買へと導くことができるからです。

　購買決定プロセスを細分化して分析するモデルであるAIDMAモデルとは、消費者が製品の存在を知り（Attention）、興味を持ち（Interest）、欲しいと思うようになり（Desire）、欲しいという記憶を呼び覚まして（Memory）、最終的に購買行動に至る（Action）という購買決定プロセスです。このうち、Attentionを認知段階、Interest、DesireそしてMemoryを感情段階、Actionを行動段階として区別します。

　消費者の心理状況に応じて達成すべきゴールが変わり、コミュニケーションの内容や手段なども変わります。たとえば、新商品を発売する時には、誰もその商品を知らないので、どのように認知してもらうかを考えます（認知段階）。主婦層に向けた新しい洗剤のブランドを発売するのであれば、主婦層にリーチしやすいコミュニケーション・ミックスを選び、ブランド名やパッケージイメージを印象に残すようにコミュニケーションをつくります。また、既存商品で代替

え品が多いものや、必要性が高くないものは、購入意向があっても、記憶の奥深くに眠っている可能性があります（感情段階）。デパートで見かけた人気のスカーフであれば、メールマガジンで再提案し記憶を呼び覚ますこともできます。

　このように消費者がどの段階にあるのかを理解することで、消費者の心理状態に合わせたコミュニケーション戦略を取ることができます。

　インターネットの普及により登場したのが、AISASモデルと呼ばれる購買決定プロセスです。これまでの企業から消費者へというB to Cコミュニケーションから、企業から消費者へ、そしてまた消費者へというB to C to Cコミュニケーションに基づいてつくられています。AISASモデルでは、消費者が製品の存在を知り（Attention）、興味を持ち（Interest）、商品を検索し（Search）、購買行動を起こ

AIDMAモデル　　　　　　　　　　　　　　　　（図表10－②）

出典：著者作成

し（Action）、情報を共有する（Share）というプロセスを提案しています。

AIDMAとの違いはSearchとShareの部分です。Searchとは、検索サイトや自社サイトにおける検索行動です。商品に興味を持ったあと、より詳細な商品情報や、価格の比較、また実際に商品を買った購入体験者のクチコミを検索する段階を指します。消費者が求めている情報を提供し、期待に合った商品ということを確認してもらい購入を正当化させます。

Shareとは、購入後の商品について感想を共有することです。購入した商品が良かったのか、どの点が良かったのか、独自の活用方法など、公共に情報を発信する段階です。ソーシャルメディアでの書き込み、Webサイトのレビュー、友人知人へのクチコミなどが当てはまります。企業としては、より購入につながる共有の拡散をしてもらうために、多くの共感を得やすいコミュニケーションを提供

AISASモデル　　　　　　　　　　　　　　　　　　　　（図表10－③）

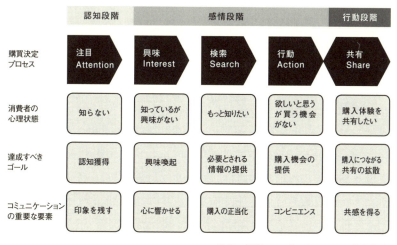

出典：電通のモデルをベースに著者作成

第10章 コミュニケーション戦略

することが求められています。さらにShareは購買への影響力が強いため、ほかのコミュニケーションがなくてもActionへとつながる可能性があるので重要です。

このように消費者が購買決定に影響を及ぼすようになったのも、インターネットで消費者からの情報発信が日常になったからです。またソーシャル・メディアも浸透して、友達の情報や自分の興味関心がある情報を選択して読んだり、その情報に反応したりして多くの時間をそれに費やしているので、AISASモデルは現代の環境に合っているといえます。

10-4. コミュニケーション・ミックス

コミュニケーション・ミックスとは、企業と顧客が関係性を築くために最適なコミュニケーションの手段を組み合わせることです。

コミュニケーションの手段は「広告」、「パブリック・リレーションズ」、「クチコミ」、「ダイレクト・マーケティング」、「販売促進」、「人的販売」などいくつかの種類があります。

たとえば、「広告」の媒体例として、テレビCMがありますが、ターゲットがよく見る時間帯や番組にテレビCMを流すことで、効果的にリーチすることができます。また、企業がテレビCMを制作するので、伝えたいメッセージを伝えることができます。一方で、テレビ番組で取り上げられる場合と違い、企業からの一方的なメッセージとして顧客に受け取られる可能性があり、テレビCMだけで信頼性を築くのは難しい場合もあります。さらに制作費やスポット費などコストが高いといった特徴もあります。

226

「人的販売」の媒体例として、実演販売がありますが、一般的にすべての店舗で実施することは難しいので、リーチという点においては限定的になります。しかし、企業でトレーニングされた販売員が、製品やサービスの良い点を的確に顧客に伝えることができ、顧客との対話の中で質問や疑問をその場で答えてあげることで信頼関係が築かれ、効果的に販売につなげることができます。

　このように様々なコミュニケーションの手段の役割や特徴を理解しながら、ビジネス目的に応じて組み合わせていくことで、効果的・効率的な販売を可能にします。

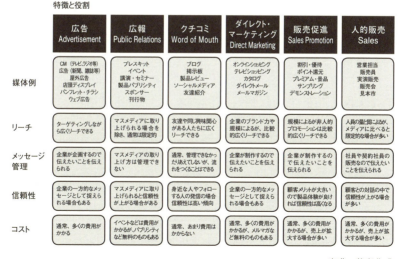

コミュニケーション・ミックス　　　　　　　　　　（図表10－④）

出典：著者作成

第10章 コミュニケーション戦略

10-5. 広告

　広告とは、広告主を明らかにして、人を介さずに、有料の媒体を用いて、製品やサービスの宣伝をするものです。具体的には、テレビCMやラジオのような放送広告、新聞や雑誌のような印刷広告、オンライン上で行うWeb広告などがあります。

　広告の特徴として、①公共性、②普及性、③表現の多様性、④非人格性が挙げられます。

①公共性

　顧客が社会的にも信用されている公共の媒体を通じて情報を伝達するため、広告を流すだけで、製品が正規のものであるというイメージを与えることを指します。また多くの視聴者は同じメッセージを受け取るため、製品やサービスが広く公に理解される状態をつくるので、社会的影響が強いといえます。

②普及性

　広告は基本的にお金を払えばいくらでも流すことができるので、大々的な広告活動を行えば、早く正確にメッセージを浸透させることができ、製品やサービスを広く普及させることができます。

③表現の多様性

　広告の制作には映像、写真、音、色などの視覚や聴覚に訴える技法で製品やサービスを演出することができます。そのためクリエイティブ・チームという専門集団が、表現部分に特化して制作を任されている場合が多いです。

228

④非人格性

　広告は、視聴者との対話ではなく、視聴者を前にした独白です。そのため一方的にメッセージを伝えているという印象を与える可能性がある一方で、広い地域に分散した顧客に効率よくメッセージを伝えることができます。

　広告主を明らかにしながらも、企業メッセージとしてわからないような形態もあります。たとえば、「アドバトリアル」と呼ばれるものは記事体裁の広告で、新聞や雑誌の記事を読んでいるような印象を与えます。また、オンライン広告では、「ネイティブアド」と呼ばれるものがあります。顧客が普段使っているメディアもしくはサービスの中で、自然になじむデザインや、機能で表示される広告です。いずれの場合も、企業の一方向的なコミュニケーションという広告のネガティブ要素を解消し、顧客にとってより有用で興味のある内容を関連性の高いニュースと一緒に伝えることで、より購買につながる可能性を高くしています。

10-6. パブリック・リレーションズ

　パブリック・リレーションズとは、企業や組織がメディアや利害関係のある大衆と良好な関係を築くために行うコミュニケーション活動です。具体的にはマスメディアを利用して広告宣伝を行うパブリシティや、イベント、講演会の開催、刊行物の発行などがあります。

　パブリック・リレーションズの特徴として、①マスメディアの利点の享受、②イメージのコントロール、③演出が挙げられます。

①マスメディアの利点の享受

テレビ、新聞、Webなどのメディアが報道や記事として企業の商品やサービスを取り上げることで、客観性が増して高い信頼を得ることができます。また、製品の特長や価格、発売時期など、あらかじめ企業から提供している商品やサービスの重要な情報を正確に伝えることができます。さらに、企業の問い合わせ先やホームページのリンクを掲載してくれる場合が多いので、メディアを見て興味・関心を持った多くの視聴者が企業にコンタクトしたり、実際に購入したりする機会を高めます。

②イメージのコントロール

企業の優れたところを広めたり、製品やサービスの理解を深めたりする情報をメディアや利害関係のある大衆に発信するので、ポジティブなイメージを構築することができます。パブリシティの場合、費用を払っているわけではないので、必ずしも取り上げてもらえるとは限りませんし、どのように取り上げられるかといったことも厳密にはコントロールはできませんが、企業や担当者との関係性もあるので比較的ポジティブに情報が取り扱われる場合が多いです。

一方で、企業にとってネガティブなことが公表された場合に、それを抑える活動をするのも、パブリック・リレーションズの役割です。謝罪会見などで問題を真摯に受け止めて改善案を提示することで、火消しをするだけでなく信頼を高めることも可能にします。

③演出

広告であれば媒体を通じてでないとコミュニケーションを取ることができないため、限られたスペースの中での表現になりますが、イベントやセミナーなどの人的なパブリック・リレーション活動では、価値のある製品体験を演出するために様々な仕掛けをつくることが

でき、より良い印象を残すことができます。

　たとえば、実際にすべての製品を試すことができたり、季節性を演出したり、セレブリティを招いたりすることで、より多くの顧客の注意を引くことができます。

10-7. 販売促進

　販売促進とは、ターゲットに対して購買の直接的な動機づけをする活動です。広告が購入の理由を提供するアプローチに対して、販売促進は人や組織のモチベーションを誘引するインセンティブ的な役割を持っています。

　販売促進には、消費者向け、流通業者向け、企業の営業向けの三つの種類があります。消費者向けは、値引きや店頭でのデモンストレーションで商品の試用を促したり、プレミアムや賞品で付加価値を付けて購買を促進したりします。流通業者向けは、卸業者や小売業へのリベートや、協賛金などでより多くの商品を販売してもらうようにします。企業の営業向けは、セールスコンテストなどで販売量に応じたインセンティブを示すことで、意欲的に営業活動を行ってもらうようにします。

　販売促進の特徴として、①即効性、②付加価値の提供、③コミュニケーション力が挙げられます。

①即効性

　販売促進は、顧客に「今買わないといけない」という意識を高めます。期間を定めた値引きやプレミアムは、強くて早い購買の意思決定を促すため、短期的な売上を増加させる効果が期待できます。

231

②付加価値の提供

商品やサービスそのものの特長に加え、おまけや金銭的な魅力で購買意欲を高めます。新商品や、差別化が難しい商品、スイッチが起きにくいカテゴリーにおいて、商品以上の価値を提供することで買う動機を高めることができます。

③コミュニケーション力

販売促進とは売れる仕掛けづくりを行うことなので、仕掛けそのものが話題性を持ち、ターゲットに対しての強いコミュニケーションになることがあります。たとえば、商品を買わなくても応募できるオープン懸賞は、高額な賞品で多くの人たちを惹きつけると共に強烈なイメージを与えられるのでクチコミが発生しやすくなり、結果として商品やサービスの認知度が大きく上がる場合もあります。

先に述べたように、販売促進は短期的には売上拡大に貢献することが多いのですが、過剰に行うと、企業やブランドのイメージを損ねたり、販売促進を行わないと売れない商品やサービスになってしまったりする恐れがあるので、注意を払う必要があります。

10-8. クチコミ

クチコミとは、商品やサービスに関する評価・評判などの情報が、家族、友人、知人など消費者間のコミュニケーションを通じて伝達されていくことを指します。従来は、直接会って話すことでクチコミが発生していましたが、インターネットの普及で、チャット、ブログ、ソーシャルメディアなど、オンライン上の書き込みによるクチコミも盛んになりました。

クチコミの特徴として、①信頼性、②加速的伝播、③制御困難が挙げられます。

①信頼性

これまで述べてきた広告、パブリック・リレーションズ、販売促進は売り手側の活動であり、商品やサービスの良い点のみを伝える傾向があるのに対して、クチコミは消費者同士が交換する情報のため、公平で信頼できる情報として受け止められやすいとされています。特に情報発信者が信頼する知り合いであったり、フォローしているインフルエンサーであったりする場合、信頼性は高くなり影響力も増します。そのため、ソーシャルメディアを通じて友達に紹介してもらうキャンペーンやインフルエンサーのブログで商品紹介をしてもらうマーケティング活動と組み合わせて、数多くの情報の中から消費者に選んでもらい興味関心を高めようと試みる企業も多く見受けられます。

②加速的伝播

話題に取り上げたいと思える情報を同じ興味関心がある人たちに拡散されやすい場所で伝えることで、クチコミは加速的に広がります。この加速的に情報が伝播することは、ウイルスの感染に似ることから「ウイルス性の」という意味の「バイラル」と呼ばれています。この特徴を活かし、ブログやSNSなど、インターネット上のクチコミで話題となることを目的にバイラルCMを制作し、インターネットで配信して、低コストで認知を拡大する企業の活動も見られるようになりました。

③制御困難

クチコミは消費者からの自発的な活動であるため、その内容や広がり方を思惑通りにコントロールすることは難しいとされています。

クチコミ・マーケティングにより、消費者間のコミュニケーションに企業が参加し、製品やサービスを売り込む活動もありますが、必ずしも多数の共感を得られるとは限りません。製品やサービスそのものの良さ、新規性、話題性などが整った状態で、自社のファンが集まりそうな場所でクチコミを仕掛けていくことで、リスク回避できる可能性が高くなると考えます。

10-9. 第10章のまとめ

□コミュニケーションの開発プロセス

コミュニケーションの目的の設定、購買決定プロセスの理解、メッセージの作成、コミュニケーション・ミックスの決定、効果測定と最適化という六つのステップを通じてコミュニケーションを開発することができます。

□購買決定プロセス

AIDMA（注目・興味・欲求・記憶・行動）やAISAS（注目・興味・検索・行動・共有）などの購買決定プロセスを分析するモデルを活用して、消費者が認知、感情、行動のどの段階にいるのかを理解し、心理状況に応じたコミュニケーションを取ることで購買へと導きます。

□コミュニケーション・ミックス

コミュニケーションの手段には「広告」、「パブリック・リレーションズ」、「クチコミ」、「ダイレクト・マーケティング」、「販売促進」、「人的販売」などいくつかの種類があります。これらの役割や特徴を理解しながら、ビジネス目的に応じて組み合わせることで、効果的・効

率的な販売を可能にします。

□企業と消費者の情報交流

　これまで情報の発信は企業を中心に行われてきましたが、昨今ではインターネットを通じて、企業側と消費者側の双方向で情報のやり取りが盛んに行われるようになり、それに伴いマーケティング活動も新しい広がりを見せています。そのため、より細かく消費者の行動を理解すること、また企業の広告塔となりうる消費者へのアプローチの仕方を考えること、人間的な気配りを大切にすることが重要な課題となります。

<了>

第11章

ショッパー・
マーケティング

執筆：アマゾン ジャパン
　　　シニアプロダクトマネージャー
　　　立川麻理

11-1. ショッパー・マーケティングとは？

　ショッパー・マーケティングとは、売り場価値とブランド価値を高めるために、ショッパーの購買行動を理解し、店頭での購買意欲を高め、購買決定に導くマーケティング活動を指します。2007年に米国の食品企業団体であるGMA（Grocery Manufactuers Association）が提唱し、これまでの一般消費者を対象にしたコンシューマー・マーケティングとは切り離して、購買者の行動や心理を起点として、店頭・売り場でのマーケティングを捉えています。

　ショッパー・マーケティングという考え方が広がりを見せた背景に、小売業の上位集中化によるプライベートブランドの増加やナショナルブランドのコモディティ化など小売業とメーカーの変化、インターネットの普及によるメディアやチャネルの多様化などテクノロジーの進化、そして景気停滞に伴う低価格志向など消費者の価値観の変化が挙げられます。商品の価値を顧客の視点で訴求しても、実際に商品に接した瞬間に「今、ここで買わないといけない」という動機付けができないと商品が売れない時代になってきているといえます。

　これまでも購買意思決定の多くが店頭で行われるという考え方に基づき、店頭マーケティングやインストア・マーチャンダイジングなどの活動は行われてきましたが、店頭での露出量や視認性の向上という物理的な側面からのアプローチが主流でした。現在では商品やサービスの品揃えが飛躍的に拡大し、購買者がいつでもどこでも購買に必要な情報を容易に入手できるようになり、売り場での思考や心理状況は大きく変わってきています。そのため、ショッパーの購買行動を観察したり、データを活用したりしながらショッパー・インサイトを理解し、それに応じた店頭・売り場での施策をメーカー・

卸業・小売業間で協業して実施する必要性が高まっています。

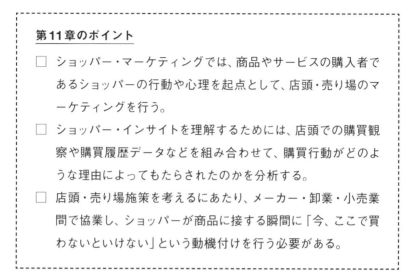

11-2. 第11章の全体像

　ショッパー・マーケティングを考えるにあたり、まずはショッパーを理解する必要があります。店舗に買い物をしに来たショッパーが店内でどのような購買行動を取るのかを注意深く観察し、買い物直後にヒアリングをすることで行動の理由を解明してショッパー・インサイトを導き出します。同時に購買データを活用することで、ショッパー全体の傾向が見えてくるため、セグメンテーションやターゲティングをしながら、より戦略的にショッパーの購買意向を高めることができるようになります。

第11章 ショッパー・マーケティング

　GMAの『Shopper Marketing 5.0』によると、メーカーと小売業のコラボレーションによってもたらされる価値を施策に反映することで、ショッパー・マーケティングは進化し続けているとされています。またショッパーへのアプローチは店内だけでなく、情報収集が行われる在宅時や出先も含めた広い範囲での購入経路を捉えるようになっています。

　さらに最近の傾向として「ショッパー・ソリューション」を重要視する動きが見られます。この「ショッパー・ソリューション」とは、買い物の目的を理解して、一回の買い物で複数の商品を購入する場合の解決提案を指します。たとえば、料理の具材やPC機器など、いくつかの商品をまとめて買おうと頭の中で思っている時などに、必要だと思われる商品セットを提案します。そのことにより、ショッパーの買い物の課題を解決するという新たな価値を提供し、満足のいく買い物体験ができるのでブランドに対する関与が高くなるとされています。

ショッパー・ソリューションの価値の創出　　　　　（図表11－①）

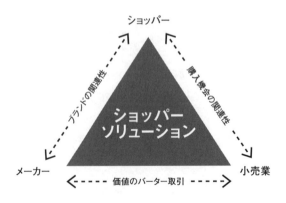

出典：Booz & Company

ショッパー、メーカー、小売業がそれぞれ便益を享受できる形で存在することで、最適な「ショッパー・ソリューション」を実現することができます（図表11－①）。ショッパーとメーカーの間では、ショッパーの買い物の手助けとなるような商品セットを提案することでショッパーの課題が解決するので、「このブランドは私のことを理解している」と認識されブランドの関連性が高まります。また、この商品提案が店頭でわかりやすく陳列されていることで、迷わずに短時間でブランドが提案する商品セットを購入することができるため、良い買い物を体験することができます。ここでも「この店は私のことを理解している」とショッパーに認識され購買機会の関連性が高まります。そしてこれらは、メーカーと小売業の無償の価値交換によって成り立ちます。その結果、売上、利益、ブランド価値が拡大するとされています。

　ショッパー・マーケティングの進化の過程として、まずコンシューマーからショッパーへターゲットの考え方を転換し、棚割り、マーチャンダイジング、カスタマイズをすることで、カテゴリーの成長や売上拡大に貢献してきました。さらに様々なマーケティングツールが開発されて、買い物の目的を意識し、広範囲の購入経路でリーチを目指すことにより、購入率や買い物体験を高めてきました。
　さらに、ショッパー・ソリューションという考えのもと、メーカーと小売業がコラボレーションして、ブランド体験という新たな価値を提供し、店頭コミュニケーションだけでなく、広告・マーケティング・プロモーションと統合されたプログラムを実現することで、ショッパーのメーカーや小売業に対する関与を高め、買い物かごに入れる商品点数を増加させる取り組みが見られています。

ショッパー・マーケティングの進化の過程　　（図表11−②）

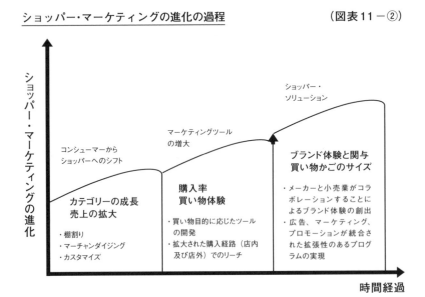

出典：Booz & Company

11-3. ショッパーとは

ショッパーとコンシューマーの違い

　マーケティングでは、商品やサービスの利用者をコンシューマー（消費者）と呼び、これまでは主にコンシューマーを想定して商品開発やマーケティング活動を行ってきました。

　しかし、コンシューマーが必ずしも購買行動を起こすとは限らず、また利用と購買で異なった心理状況や評価が見られる傾向が理解されるようになり、ショッパー（購入者）という切り口で生活者を捉えて、マーケティングを行うようになりました。

　たとえば、酒や菓子を購入するのは主婦かもしれませんが、実際に消費するのは、夫や子供である場合があります。コンシューマーの視点で考えると、容量の多いお酒の容器を考えたり、子供が喜ぶおもちゃの付いたお菓子を企画したりしますが、ショッパーの視点では、重たいものを持ち帰りたくないから大容量のお酒を買いたくないと思ったり、おもちゃはすぐに使わなくなるからファミリータイプのお菓子を買おうとしたりします。また、コンシューマーとショッパーが同一人物であった場合も、広告で見たある商品に興味を持ち購入しようと店に行った時に、競合他社の同じような商品が店頭で目立つようにディスプレイされている場合、後者の商品に目移りして購入してしまう場合があります。

　このように、コンシューマーとショッパーが違った考え方をするのであれば、購買に一番近いショッパーを理解して働きかける必要があるというところから、ショッパーの理解を重要視する動きが出てきています。

ショッパー・インサイトの重要性

　ショッパー・インサイトとは、ショッパーの行動や、行動の背景にある意識構造を理解した結果、得られる購買行動の動機付けの要因のことを指します。いつ、どこで、なにを、どのように買うのかという購買行動にそれぞれ「なぜ」という切り口でショッパーの意識構造を紐解いていくことで、潜在ニーズを理解して、より効果的な店頭マーケティング施策を行うことができます。

　ショッパー・インサイトが重要視されている背景に、広告効果の課題とショッパーの購入前の意思形成の変化が挙げられます。これまでマスメディア主流の広告でコンシューマーの認知を獲得し、ブランドへの興味・関心を高めることで、購入前に「この商品を買おう」という意思決定をさせて、店頭での購買につなげてきました。しかし、同じブランドや商品に関する情報はマスメディア以外にも、オンラインメディアやソーシャルネットワークを通じて、広告主以外からも日々大量に発信されています。このことにより、コンシューマーに働きかけたコミュニケーションが伝わりにくくなっていると考えられます。

　また、ショッパーとして店頭に特定の商品を買いに行く場合も、あらかじめ決まった商品を買おうと思うよりも、その場で決めて買おうという意識がより一層高まってきているのではないかといわれています。店頭で知らないブランドを目にし、少ない情報しかない場合は失敗を恐れる意識から手に取ることが少ないはずですが、今はスマートフォンを使用してその場で製品に関する様々な情報を入手でき価格まで比較できるので、店頭での意識の変化をより起こしやすくなっている可能性があります。そのため、ショッパー・インサイトを探る必要性が高まっているとされています。

11-4. ショッパーの行動観察

行動観察とは？

　「行動観察」とは、アンケートなどの量的調査やインタビューなどの質的調査だけでは引き出しきれない潜在ニーズを、人の行動を観察して得られた情報を分析することで理解する手法です。行動観察のメリットとして、言語化されないニーズを抽出できることと、被験者のバイアスの排除が挙げられます。人は無意識にいろいろな行動を起こしますが、そのすべての行動を把握していたり、なぜその行動を起こしているのかを論理的に説明したりすることは難しいとされています。

　しかし、無意識な行動の中にこそ、習慣化された動きや目に留まりやすい場所があったりするため、その行動に沿った形で売り場をつくることで、普段目に留まらないものも認知する可能性が高まります。また、通常アンケートやインタビューを行う場合、普段の生活をありのままに表現するのが難しい場合があります。たとえば、自分を良く見せようとしたり、自分の主張を通すために批判的になったりします。そのようなバイアスをリサーチャーは取り除いて、正しく理解しようとするのですが、すべてを排除できるとは限りません。「行動観察」であれば、実際の行動を観察するので、事実のみを抽出できる可能性が高くなります。

ショッパーの店内購買行動の捉え方

　ある商品の購入意向が決まっているという設定で、ショッパーの

245

第11章 ショッパー・マーケティング

店内行動を考えた場合、購買に至るまで次のようなステップを踏む
といわれています。

ステップ1 通過

商品が陳列された売り場の前をショッパーが通過します。ここで
はショッパーをカテゴリーの売り場にわかりやすく誘導してあげる
ことが必要です。

ステップ2 立ち寄り

商品が陳列された棚にショッパーが立ち寄ります。ショッパーは
カテゴリーからサブカテゴリーへと、より絞り込みをかけており、商
品との距離も近くなります。棚割りの考え方にもよりますが、ここで
はブランド単位での認知をされる場合が多いので、同じサブカテゴ
リーの中で、いかにブランドとしての魅力を伝えられるのかという点
が重要になります。

ステップ3 視認

ショッパーは特定の商品を選んでパッケージを見ます。ここから
商品個体の選定が始まります。見られやすい場所にあるのか、パッ
ケージの情報はしっかりと伝わっているのか、機能的なベネフィッ
トだけでなく感情的にも惹きつける要素があるのか、といった点を
理解する必要があります。

ステップ4 検討

ショッパーは競合他社と比較しながら商品を評価します。ここで
は価格といった要素が評価の対象となるので、価格に見合った価
値を伝えられているのかという点が重要になります。

246

ステップ5　購買

　上記のステップを経て、売り場から得られた情報とショッパーの経験を照らし合わせて、購買に至ります。

店内購買行動を捉えるための調査

　店内に入ってからのショッパーの行動を捉えるために様々な調査手法が確立されています。ここでは、代表的な手法をご紹介します。

①ショッパーの店内回遊を知る

　調査員がショッパーに同行して、店内の動きを記録しデータ化することが一般的でしたが、近年ではカートや天井等に設置されたカメラなどデジタル端末を使用し、ショッパーの動きを捉える手法が多く見られます。

②ショッパーの情報収集を知る

　ショッパーの情報接触の行動として視認行動が重要とされています。なぜなら、聴覚や嗅覚は受動的に働きますが、視覚は見ようとする人の意思が介在し関心のあるものだけを捉えようとするからです。この視認行動を確認するために、アイカメラを用いて目の動きをデータ化する手法があります。ショッパーにゴーグル状のカメラを着用させたり、棚にあらかじめカメラを搭載したりして、ショッパーの目線を捉えます。

③ショッパーの心理を知る

　店内に入ってから、レジを通して購買を終了するまでにどのような思考があったのか、実際に何が記憶に残っているのかなどのショッパーの心理を理解するため、同行している調査員が買い物中にヒア

リングしたり、買い物後にデプスインタビューなどで深層心理を明らかにしたりする方法があります。

11-5. 店頭施策

店頭・売り場でのコミュニケーションのあり方

　店頭での購買行動を観察することで、これまで見えてこなかった様々なショッパー・インサイトを知ることができます。この分析結果を店頭・売り場でのコミュニケーションに生かすことで、より効果的に購買に結びつけることが可能となります。近年では、いつでもどこでも商品や商品の情報を入手することができるようになったため、これまでの店頭コミュニケーションでは認知されにくく、興味・関心を高めることが困難になってきているといえます。そのような環境の中、ショッパーを理解することで、いかに自社の商品を差別化できるのか、また商品体験を魅力的に訴求し、ショッパーを惹きつけることができるのか、という課題に対しての解決策を導き出すことができるようになります。

ショッパビリティの向上

　インディアナ大学のレイモンド・R・バーク博士の『Retail Shoppability: A measure of a world's best stores』によると、世界のベスト40店舗の店頭施策を分析した結果、「10の法則」をメーカーと小売業が協力して店頭で実現すると、ショッパビリティが上がり、売上や顧客ロイヤルティの向上につながるとされています。ショッパビリティ

とは、消費者のニーズや欲求を購買につなげる能力と定義されています。以下は「10の法則」の概要です。

①商品を見せる

商品は買い物体験の中核なので、どの角度からも良く見えるように陳列します。実際に商品を触ったり、じっくり眺めたりできるようにすることで売上に大きく貢献する場合もあります。

②効果的なナビゲーションを提供する

買い物をする時に視覚的にわかりやすいロードマップを提供します。具体的には、大きな分類、カテゴリー、商品を見つけやすいように表示することで、迷わせることで失う売上機会のロスを回避できます。

③製品のくくりと見せ方を単純化する

消費者のニーズや絞り込みの仕方に応じた製品のグルーピングを行い、シンプルに見せてあげます。そうすることで、時間や労力をかけずに商品選択をすることを可能にします。

④ノイズを最小化する

ノイズはショッパーの買い物を邪魔するだけでなく、店頭コミュニケーションの効果を減少させるので極力抑え、商品独自の価値のみを伝えるようにします。

⑤製品の訴求力を最大化する

メーカーはパッケージで商品ベネフィットを訴求しますが、小売業もこのコミュニケーションをサポートしながら商品の良さを伝えます。たとえば、カタログ、商品レビュー、テスターなど様々な手法で訴求

することができます。

⑥新製品と新しいアイデアを提示する

　新製品や新しい店頭のアイデアは新規のショッパーや既存のカスタマーを店頭に呼び寄せるだけではなく、購買態度を変容させ、新しいトレンドの引き金になる可能性があるので、戦略的に新製品を陳列させたり、店頭のアイデアを形にしたりします。

⑦買い物体験を簡便化する

　ショッパーは限られた時間の中で買い物をすることが多いため、買い物のしやすさを追求します。立地、買い物導線、商品の探しやすさ、商品のわかりやすさ、待ち時間の短さなどの買い物の効率を高めることでより満足度の高い買い物を実現できます。

⑧買い物体験の楽しみを提供する

　ショッパーが買い物体験を楽しんでいると、店内での回遊時間が増えて、ついで買いをしやすくします。ショッパーの五感に訴えた売り場は過去の記憶を刺激して購入したいという衝動を起こさせたり、冒険心や探究心を高めたりします。また店員の接客態度や快適な設備も買い物体験の楽しみを提供する要素です。

⑨説得力をもって伝える

　ショッパーのニーズが満たされるということをクリアに説得力を持って伝えます。店の外観、雰囲気、店員、品揃え、価格、広告などすべての要素において統一された信頼できるメッセージで伝えることで説得力を高めます。

⑩柔軟性を保持する

　消費者の好み、テクノロジーやファッションなど世の中のトレンドを新しいコンセプトや店づくりに生かします。季節に応じた装飾替えだけではなく、店内の環境や商品の提示の仕方を巧みに操作することで、買い物体験を新鮮に、楽しく、そしてショッパーとの関連性を高く保つことができます。

店頭・売り場でのコミュニケーションツールの紹介

　店頭・売り場でのコミュニケーションには様々なツールが存在しますが、その中で代表的なものを紹介します。

①パッケージ

　パッケージは商品の特徴やベネフィットを伝えるという重要な役割を担っています。パッケージを通じて店頭・売り場での効果的なコミュニケーションを行うには、存在感が際立つようなデザインであること、商品らしさが伝わること、ベネフィットが伝わること、ブランドとして統一感のある色やロゴなどがあることなどが挙げられます。

②大量陳列

　店内で同じ商品を大量に山積みすることで、商品のビジビリティが上がり興味喚起をすることができます。また、大量陳列は店のお薦めというメッセージも伝えることができるので、購買意欲を高めるコミュニケーションの手法として、効果的である場合が多いとされています。

③店頭POP

　店頭POP（Point of Purchase）は商品のキャッチフレーズや説

251

明文などを記載した店頭コミュニケーションのツールです。商品の魅力や付加価値を伝える目的で使用されます。店頭POPはショッパー・インサイトを細かく表現することができ、また、視覚的に訴えるデザインや形でパッケージや広告のコミュニケーションを補完できるフレキシブルなツールとして普及しています。

④サンプリング

サンプリングとは、人を介した説明と共に商品サンプルを配布することで、その場で商品の理解を促進して、店頭や家で商品体験をしてもらうことを指します。トライアルを促進することができるため、新製品の導入時に多く見られるコミュニケーションツールの一つです。

⑤デジタルサイネージ

デジタルサイネージとは、平面ディスプレイやプロジェクターなどを使って動画を表示する店頭・売り場でのコミュニケーションツールです。文字だけでなく動画で消費者に訴求できるため、視覚以外に聴覚に訴えることができ、ショッパーの注意喚起をしたり、店頭以外の広告と連動することで商品の想起を促進したりする効果が期待されています。

11-6. 購買データの活用方法

　ショッパーの購買行動を理解する手法として、行動観察以外に購買データの分析があります。ショッパーが日々購入をしている商品は、多くの場合レジを通る度にデータ化され蓄積されています。効果的に顧客の獲得や囲い込みをするためにこのデータを活用する動きが多く見られます。

POSデータとは？

　POS（Point of Sales）データとは、商品を販売した時点での情報を管理するデータの一つです。レジで、商品についているバーコードをスキャナーで読み取ることで、POSデータが店舗に蓄積されます。

　POSデータの利点は、商品名・価格・数量・日時などの販売実績が即時に集約され、「いつ」「どの商品が」「いくらで」「いくつ売れたか」という販売情報を把握しやすくなることです。

　このデータは、小売業のみならず、メーカーも自社や競合他社のトレンドを理解するために分析し、マーケティングや販売施策に活かしています。

FSPデータとは？

　FSP（Frequent Shopper Program）とは、顧客カードを発行して購買データを捉えながら、購入金額や来店頻度によって顧客を選別し、ステータスに応じて最適なサービスを提供し、優良顧客の維持や拡大を図るマーケティング手法です。FSPデータとは、顧客カ

ードを買い物精算時に提示することによってPOSデータに顧客のID（識別情報）が付与されたデータで、ID-POSデータともいわれています。

FSPデータは、POSデータに加え「誰が」という個人の購買行動の情報を把握することができるため、ショッパー・マーケティングを考えるうえで活用が期待されています。

POSデータとFSPデータの収集の仕組み　　　　　　　　　（図表11－③）

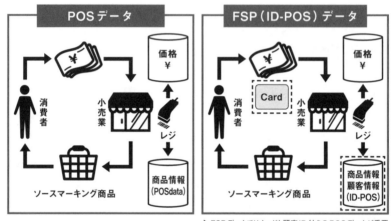

▶FSPデータではカードと顧客ID付きのPOSデータが重要となる

出典：『ショッパー・マーケティング』流通経済研究所・著（日本経済新聞出版）

FSPデータの活用パターン

小売業やメーカーのFSPデータの活用パターンとして、小売業の競争優位性とFSPデータ活用レベルの二軸でまとめた流通経済研究所の考え方を紹介します。

①第1フェーズ

　購買金額によって優良顧客を識別して、優良顧客に対するアプローチを小売業で行う段階です。

・第1ステップ

　FSPのカード会員を獲得して、FSPの利用を促進させます。

・第2ステップ

　FSP会員の購買実績をもとに、優良顧客を識別させます。

・第3ステップ

　優良顧客の維持及び購買を促進させるために、顧客の優待施策を実施します。

②第2フェーズ

　購買履歴データをより詳細に活用し、優良顧客に対するアプローチを小売業とメーカーの協業によって行う段階です。

・第4ステップ

　FSP会員の購買履歴を活用し、プロモーションを企画・実施します。クロス・マーチャンダイジングや優良顧客をターゲティングしたダイレクトメールやクーポンのプロモーションなどが挙げられます。

・第5ステップ

　FSP会員の購買履歴をもとに、ターゲットに対してマーケティング施策を行います。ターゲットの購買特性に基づいた品揃えや棚割りやプライベートブランドの商品開発などに活用することが挙げられます。

第11章 ショッパー・マーケティング

　このようにFSPデータを活用して優良顧客を識別し、より多くの特典を還元することで顧客維持や購入金額を高める良い循環をつくり、企業の収益性向上に貢献できるとされています。

FSPデータの活用パターン　　　　　　　　　　（図表11－④）

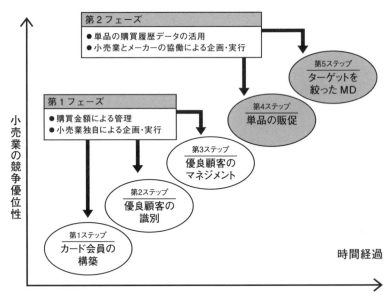

出典：『ショッパー・マーケティング』流通経済研究所・著（日本経済新聞出版）

11-7. 第11章のまとめ

□ショッパー・インサイトの重要性

　ショッパー・インサイトとは、ショッパーの行動や行動の背景に
ある意識構造を理解することで得られる購買行動の動機付け要因
を指します。店頭での購買観察や購買データを組み合わせてショッ
パー・インサイトを導き出すことで、効果的な店頭マーケティング
施策を行うことができるとされています。

□ショッパーの行動観察

　購買行動の観察をすることで、被験者のバイアスを排除しながら
言語化されないニーズを抽出できるとされています。ショッパーの
店内購買行動には、陳列棚の通過、立ち寄り、商品の視認、検討、
購買というステップがあり、各ステップでのショッパーの行動や心
理を捉えて施策に反映させることで、購買意欲を高めることができ
ます。

□店頭施策

　行動観察から導き出したショッパー・インサイトを店頭施策に反
映するには、メーカーのみならず小売業や卸業とのコラボレーショ
ンが必要になります。アメリカでは、ショッパビリティという考え方で、
消費者ニーズや欲求を購買につなげる方法を紹介しています。また、
店頭ツールを活用しながら、多角的なアプローチでショッパーにコミュ
ニケーションを伝えることも必要とされています。

□購買データの活用方法

　ショッパーの購買データを取得する方法としてPOS（Point of Sales）データやFSP（Frequent Shopper Program）データがあります。効果的に顧客の獲得や囲い込みをするために、この購買データを活用する動きが多く見られます。

<了>

第 **12** 章

マーケティングの
効果を検証する

執筆：アビームコンサルティング
　　　デジタルトランスフォーメーション
　　　ビジネスユニット
　　　デジタルマーケティングセクター
　　　ディレクター 本間充

第12章 マーケティングの効果を検証する

12-1. マーケティングの効果検証とは？

　マーケティングを実行したならば、効果検証を行うべきです。確かに、最終目標である売上や契約の数値を常に見ているので、効果検証は不要と思うかもしれません。しかし、売上が伸びているからといって、必ずしもマーケティングが成功しているわけではないのです。

　マーケティングの計画時に考えたように、すべての施策が効果的に働いているのか。最終的に、計画時に設定したターゲットに情報が伝播し、ターゲットに商品・サービスを購入してもらったか、これらは、売上の数値からだけではわかりません。

　そして、マーケティングが成功した時にも、失敗した時にもその要因分析を十分に行わないと、次のマーケティング実行時に、マーケティングを成功に導けない可能性があります。

　マーケティングの効果測定は、古くは自社の出荷データと、グループインタビューを駆使して行っていました。その後、流通パートナーの売上データの開示により、実際の販売数を理解できるようになり、その後、市場シェアを調査会社が発表するようになり、市場でのポジショニングもわかるようになりました。

　しかし、徐々にマーケティングが、マスマーケティングから脱却するようになり、今までのPOSデータから、ID-POSデータに拡張され、近年ではECや、会員ID別のCRMのデータを効果検証に使うようになり始めました。

　このように、マーケティングの効果検証も、マーケティングの目的とともに変化しています。この章では、マーケティングの効果検証を、「ブランドの認知」「ブランドへの興味・関心」「ブランドの商品・

260

サービスの購入」「ブランドへの継続的関与」に分けて解説します。

また、近年話題になっているマーケティング・オートメーションや、マーケティングの投資分析についても解説します。

第12章のポイント

☐ マーケティングの効果検証は、マーケティングの目的を確認したうえで行う。

☐ 一番歴史のあるブランドの商品・サービスの購入の確認も、かなり取得方法が拡張されている。

☐ 効果検証で集めたデータは、きちんと整理して、活用する。

12-2. 第12章の全体像

マーケティングの効果検証は、一般にマーケティングで実行したことが効果的であったかどうかを確認するために行います。なにが成功していて、なにが失敗しているのか、マーケティングを因数分解して理解するためです。

しかし、たくさんある効果検証をすべて行うことは実際にはできません。そこで、マーケティングの目的や、今回新たに取り組む手法の確認のために効果検証を行います。

また、次回以降のマーケティングをより効率良く行うためにも、きちんと効果検証を行うことが必要です。つまり、マーケティングの施策で効果のあまり見い出せないアクションを取り除いたり、マーケティングの計画時に実施するか検討したものを、実際の効果測定

261

第12章 マーケティングの効果を検証する

で確認し、判断を簡潔にしたりすることなどが効果検証で行えます。

その意味で、効果検証は、マーケティングの成否を理解するために行うことが多いですが、それぞれの施策の効果を測定するためにも重要です。

そして、マーケティングにおいてもPDCAの運用は必要です。マーケティングを実行した時に、「売上が目標にいかなかったから、すべてが失敗」と、ゼロに戻るのではなく、なにが悪かったのか、なにが予想と異なったかを因数分解する必要があるのです。

マーケティングの効果測定全体像　　　　　　　　　（図表12−①）

出典：著者作成

12-3. マーケティングの目的の確認

　マーケティングには様々な目的があります。もちろん、最終的には、売上の拡大や、サービス契約者の増加など、事業への貢献が目的です。しかし、製品・サービスの置かれている状況によっては、これらの最終目標以外の目的を決めることも多くあるのです。

　たとえば、
・ブランドの認知
・ブランドへの興味・関心
・ブランドの商品・サービスの購入
・ブランドへの継続的関与
などです。

　それぞれの目的について少し考えていきましょう。
　ブランドを市場に投入した直後や、ブランドの認知率が低い時に、ブランドの認知をマーケティングの目的にします。もちろん、ここでの認知は、マーケティングの戦略で決めた、ターゲットの中での認知率です。一般に、認知の低いブランドは、購買のプロセスにおいても、思い出される確率が低くなり、結果購買される確率が低くなります。そのためにも、ブランドの認知は重要な指標です。

　ブランドへの興味・関心も重要な指標です。購買までの検討期間が長い商品や、ブランドスイッチが起きやすいFMCG（Fast Moving Consumer Goods）と呼ばれる、日用消費財カテゴリーのマーケティングなどではこの指標が重要になるでしょう。

もちろん、ブランドの商品・サービスの購入は、KPIという中間指標ではなく、KGI（Key Goal Indicator）です。しかし、単純にこの数値だけを確認し続ければ良いということではありません。マーケティングで、継続的にブランドを維持・成長させるためには、ブランドの基礎体力に該当する、ブランドの認知や、興味・関心についての指標も無視してはいけないでしょう。

最後に、ブランドへの継続的な関与、つまりロイヤルティに関する指標も重要です。ブランドの商品・サービスに一度触れたとしても、そこで良くない体験が生じてしまうと、ロイヤルティに関する指標は下がります。そして、SNSなど、消費者がメッセージを広く発信できる現代では、負の体験は容易に伝達されることを忘れてはいけません。

12-4. ブランド認知の効果検証の方法

広くAIDMAや、AISASといった、消費者の消費行動モデル（仮説）では、多くのモデルでAttention、つまり認知から行動が始まるとされています。商品を手に取って購入する場合、その商品やブランドの認知がその事前行動として起きているからです。

認知はいろいろな場合で呼び起こされます。広告経由での認知、友人・知人からの情報による認知、テレビ番組や雑誌の記事による認知、店頭でほかの商品を購入しようと思った時にたまたま見かけることによる認知など、認知が起きるシーンは様々です。

この認知の効果検証として、インタビューや、グループインタビューなどの方法が古くから使われています。たとえば、ブランド名に

関する認知に関しては、カテゴリーを指定し、その中で知っているブランド名を直接答えてもらう方法。これを、ブランド知名調査といいます。この例のように、カテゴリーを示し、なにもヒントや情報を与えずにブランド知名を行ってもらう方法を、「純粋想起法」と呼び、その時の知名を「再生知名」と呼びます。また、なんらかのヒント、たとえば広告のキャッチフレーズなどをヒントに与えたりする方法を、「助成想起法」と呼び、その時の知名を、「助成知名」あるいは「再認知名」と呼びます。

AIDMAとAISAS　　　　　　　　　　　　　（図表12－②）

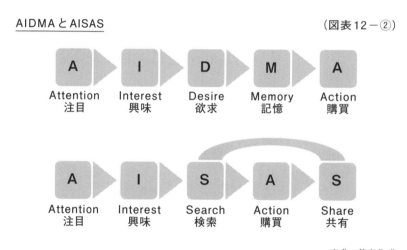

出典：著者作成

また知名以外にも、ブランドのことを正しく理解しているかの調査や、ブランドの持つイメージが正しく伝わっているかなどの調査もあります。

これらの、ブランド認知の調査は、自社でサンプルの集団をつくって行う方法と、他社の外部調査を使う場合があります。

自社で調査を行う場合は、調査を行う時期、サンプル空間、調査項目など、その調査設計に自由度が高くなります。たとえば、テレビ

コマーシャルを大量投入し、ブランドの認知が向上したかを調査する場合には、コマーシャル投入前と、投入後の二回調査を行い、どの程度ブランド認知、たとえば再生知名が高くなったかを調べる方法があります。

　一方、外部の調査を利用する場合には、調査設計が行えない一方、競合のブランドとの関係も理解できたり、また継続的な調査があるものでは、ブランド認知に関しての経年変化も理解できたりします。たとえば、日経リサーチが行っている「ブランド戦略サーベイ」では、コーポレートブランドのイメージなどを調査しているもので、企業魅力度などが理解できる調査です。このような外部の調査も多数存在しています。

ブランド認知の調査　　　　　　　　　　　　　　　　（図表12－③）

　　　　　　　　　　　サンプル集団による、事前事後の認知調査
　　　Brand の認知
　　　　　　　　　　　外部機関による、Brand 調査

出典：著者作成

12-5. ブランドへの興味・関心の効果検証の方法

　ブランドを認知していることと、ブランドと商品の購買の間に、ブランドへの興味・関心というものがあります。

　たとえば、購入価格の高い耐久消費財や、ラグジュアリーブランドなどでは、ブランド認知以上に、ブランドへの興味・関心が重要な指標になります。購買までの期間が長く、消費者の購買検討が複雑なものは、ブランドへの興味・関心の指標は重要です。

　また、購買までの時間がさほど長くない、FMCGのカテゴリーでもこの指標は重要です。購買時に複数のブランドから、選択して一つのブランドの商品・サービスを購入するような場合、購入検討ブランドになっているかは重要な指標だからです。

　ブランドへの興味・関心も、今まではブランドの認知の調査同様、インタビューやグループインタビューが使われていました。ブランドについてどの程度興味があるのか、次回、ぜひ購入したいのか、まったく購入したいと思わないかなどを、調査する方法です。

　近年、このインタビュー調査を補完する方法として、インターネットの行動を使った調査も検討・試用されています。その一つは、検索行動のデータを活用したものです。インターネットでは、より多くの情報を知りたい時に、ユーザーは検索行動を取ります。その際に、ブランド名や製品・サービス名での検索回数を測定するものです。

　この検索回数を測定する方法にも、大きく二種類あり、Googleのような検索サービス側が提供するデータを使う方法と、自社のWebサイトの検索回数を使う方法があります。前者は、インターネット全体に近いデータが取れますが、取得可能な期間が限定されてい

267

第12章 マーケティングの効果を検証する

たりします。一方、自社サイトのデータは、データは細かく、また自分の欲しい精度で取得可能ですが、サイトの検索対応が悪ければ、検索訪問回数も少なくなることに気をつけなければなりません。

　また、インターネットのデータを活用する方法として、SNSのデータを活用する方法もあります。具体的には、SNS空間での記事の発生件数を参照するものです。こちらは、商品・サービスを購入した人の体験の記事も含まれますが、そのブランドに対する興味や関心の高いことが書かれることがあります。

　Twitterやブログのように、ほぼすべてのユーザーに公開されているメディアでは、ブランド名での記事投稿数も取得可能になっており、これらの記事を検索することで、記事投稿の件数を知ることができます。

　しかし、安心感の高いブランドや、歴史の長いブランドでは、SNSの投稿が少ないことも考慮しないといけません。これは、言い換えれば、このブランドへの興味・関心自体も、ブランドが非常に有名で、空気のようにあたりまえな存在のブランドでは、この指標自体に変化がないということです。

　このように、このブランドの興味・関心の指標は、ブランドの状況により、効果検証を行うべきか、十分に検討する必要があります。

12-6. ブランドの商品・サービスの購入

　ブランドの商品・サービスの購入は、マーケティングでは最終目標、つまりKGIの一つです。したがって、ブランドの商品・サービスの購入数を取得しないことはないでしょう。しかし、この商品・サービスの購入数値の取り方が進化し、過去にデータの取得方法に問題があったこともわかってきました。

　今まで、商品の購入は、誰が買ったかまでは、取得しにくい環境でした。結果、かなり大胆な仮説を持って、購入者の分析を行っていたのです。たとえば、売上数や市場でのシェアに変化がない時には、毎回同じ人が購入していると理解し、売上が伸びた時には、新規客がいると考えてきました。また、売上がマーケティングの目標通りになった時には、購入している顧客もマーケティングの初期設計通りだったと考えることが多かったのです。

　商品・サービスの購入に関しては、自社で調査やデータを取る方法と、外部の調査を使う方法の両方があります。（図表12－④）のように、かなり以前から取れているものや、最近取得可能になったものがあります。

　まずは、自社のデータによる、売上の推測です。「推測？」と思った方もおられるかもしれませんが、自社で直接販売を行っていない場合には、商品を店舗に卸したタイミングと、店舗から顧客に販売するタイミングが異なるからです。一般に、メーカーから店舗に商品を販売した状態を、Sell-inといいます。また、店舗から顧客に販売した状態をSell-outといいます。マーケティングの目的は、一般

269

にはSell-outを目標に設計することが多いですが、メーカー側で取得できているデータはSell-inの数値になります。そこで、Sell-inを中間のKPIにする時もあれば、Sell-inからSell-outを推測することもあります。

この自社のSell-inのデータは、当然時間変化のデータも取得できますが、「誰が」までは取得できません。「誰が購入したのか」、「購入者は継続して購入しているのか」を理解するためには、売上データのような市場全体しかわからないデータでは情報が不足しています。

そこで、メーカーも自社で直営店を運営する方法が以前から考えられていました。しかし、近年ではリアル店舗ではない、自社ECサイトという方法も出てきています。いずれの場合も、自社で直接販売する時に、併せて会員IDなどを発行することにより、実際にどのお客様がどの程度の周期で製品を買うのか、買うのをやめたのかがわかるようになります。そして、ECサイトという方法の出現により、リアル店舗以上のデータも取得可能になってきました。

ちなみに、少し余談ですが、自社ECサイトと、ECプラットフォームに出店するというのは、まったく異なることに注意しましょう。ECプラットフォームに出店した場合、顧客データは取得できないことが多いです。単に既存のリアル流通のチャネル開拓とあまり変わりがありません。

一方、自社ECサイトでは、顧客ごとに購買行動が分析できるだけではなく、サイト内の行動も合わせて分析できるために、消費者の商品・サービスの購入までの過程を知ることができるようになりました。また、それ以外にも、アフターサポートのために、購入者に自社で顧客サービスカードなどを発行して、顧客管理を行う方法も、多くの企業で用いられています。商品購入者全員を追跡できるわけ

ではないですが、自社で一部の購入者の購買行動を追跡できるように
なり始めています。

このように、メーカー、サービス提供者側でも売上データが取得
可能ですが、競合の製品の購入データや、ほかの製品との併売デー
タなどは、自社だけでは取得が困難です。マーケティングというの
は、競合も含めた市場変化の理解も重要で、それを補完するために
外部調査も利用することになります。

外部調査データとして以前からあるのは、POSデータのような店
舗での売上データです。POSとは、Point Of Salesの略で、販売時
点の売上情報になります。このPOSデータについては、いくつかの
流通業者が販売しています。また、多くの市場データの提供会社が、
POSデータを販売しています。このPOSデータは、Sell-outのデー
タです。自社のSell-inは出荷データで、おおよそ工場からの出荷の
データです。したがって、実は24時間の中で、顧客がいつ商品を購
入したかは、まったくわかりません。一方、Sell-outデータである、
POSデータは、「いつ」「どの店で」「どの商品が」「いくらで」「何個」
売れたかという細かさで理解することができます。

POSデータは多くの場合、自社の製品の売上しか開示されないこ
とが多いです。そこで、市場データを理解するデータとして、市場シェ
アデータがあります。このマーケットシェアデータも様々なマーケティ
ング調査会社から提供されています。ただし、市場シェアデータは、
推定データなので、提供会社によってデータが異なるので注意する
必要があります。

POSデータとシェアデータは、個人が特定できない集合データで
す。つまり、どのような人が買ったかという、顧客の属性データが付

いていません。そこで開発されたのがID-POSです。以前は商品を購入する時に、店のレジで性別や年齢を推測して入力していました。近年は、ポイントカードのスキャンにより、正確な顧客の属性データが付いたPOSデータが取得可能になりました。それがID-POSです。このID-POSの分析により、どのような属性のお客様が、どの程度の頻度で商品を購入しているかなどがわかるようになってきました。ID-POSの登場により、マーケティングのデータが大規模化し、そのビッグデータの活用が注目され始めています。

　ところで、少し視点を広げて、現在のマーケット全体を考えると、重要なことに気がつきます。外部調査データのPOSデータ、シェアデータ、ID-POSにECサイトは含まれているのかという疑問です。近年この問題は、大きな問題になり始めています。なぜならば、いくつかのカテゴリーにおいては、リアル店舗とECサイトの購入者属性が異なる事例が見つかっているからです。そして、大手のECサイトからは購入者のデータが開示されていないことが多く、ECサイトの購入を含む市場シェアすら取れない状況です。この問題は、日本のマーケティングの発展のために、今後業界で議論していかないといけない課題かもしれません。

　そして、最後に紹介するのは、この問題を解決できるデータです。まだ調査対象者が少ないですが、消費者パネルをつくって購入を理解する方法です。たとえば、インテージのシングルソースパネル（i-SSP）などです。調査対象者は、すべての購入記録を、JANコードスキャナーなどを使い記録します。そして、テレビやインターネットなどのメディア接触も合わせて取得します。当然、調査対象者の性・年齢などの属性も取れているので、購入者の属性を理解することもできます。また、それぞれのパネルのIDにより、ID単位での購入周期なども取れます。もちろん、メディア接触と購入の関係も理解す

ることができます。

　i-SSPのようなシングルソースパネルデータは、ドイツやアメリカなどでは、十分に整備されていてパネルの数も日本より多いです。多くのマーケティング会社が、シングルソースパネルデータを活用するようになれば、さらにパネルの数も増え、データの精度も向上していくと思うので、ぜひ期待したいところです。

　本節の冒頭にも少し書きましたが、これからは同じ顧客が製品を買っているのか、顧客が入れ替わっているのかなど、顧客単位でのマーケティング、「個」客マーケティングが重要になるでしょう。その理由の一つは、マスマーケティングが崩壊していることにあります。今までのようなボリュームのある同じ特性・属性の集合は存在しなくなっています。性別・年齢・家族形態・ライフステージ・趣味などがすべて同じ集合は、小さなボリュームでしか存在していません。

　そして、これからは日本も多言語・他民族の市場になります。そうなると、ブランドの商品・サービスの、より正確な購入データが必要になってきます。歴史の古いブランドの商品・サービスの購入データは、

主な売上データの取得・推測方法　　　　　　　　　　　　（図表12 - ④）

調査主体	
自社調査	出荷データ、販売データから、店舗売上を推測する
	自社の直営店で顧客管理を行う（店舗・EC）
	自社で、顧客サービスカード等を発行する
外部調査	売上データ（POS）
	カテゴリー別市場シェア・データ
	ID-POS

出典：著者作成

第12章 マーケティングの効果を検証する

バージョン・アップが必要な時期になってきています。

12-7. マーケティング・オートメーションについて

マーケティング・オートメーション（Marketing Automation）を、この効果検証の章で取り上げるのは、いささか違和感がありますが、今後伸びる領域なので、少し解説をしておきます。

マーケティング・オートメーションとは、現段階ではデータ分析に基づく、消費者のセグメンテーション化、そしてそのセグメントごとのコミュニケーションの最適化を図る支援ツールのことです。この章で説明してきた、マーケティングの効果検証も可能なツールです。また、顧客管理を行っている場合に、各顧客の行動別にスコアリングをするところが、とてもユニークなところです。このスコアリングの方法は、マーケターが設定しないといけないのですが、スコアリングをすることにより、顧客別にコミュニケーションの設計・実行が行えます。またその反応の分析から、コミュニケーションの設計をさらに高い精度にすることも可能です。

このマーケティング・オートメーションというツールは、顧客とのコミュニケーションを重要と考えているマーケティングでは、非常に価値のあるツールです。

274

12-8. マーケティングの投資分析について

　本章における、マーケティングの効果は、「ブランドの認知」「ブランドへの興味・関心」「ブランドの商品・サービスの購入」「ブランドへの継続的関与」という、ターゲットとブランドの関係という観点から述べてきました。一方、全体の広告投資の効果検証ということについて、興味のある方もいるでしょう。たとえば、メディアミックスでコミュニケーションを行うが、メディアへの投資金額の最適化を行いたいという場合などです。

　これに関しても、前述のマーケティング・オートメーションのツールでも分析可能になり始めています。「MarketingQED」や、「MarketShare」などといった、エントリーレベルのツールやソフトも増えてきました。今までは、どのメディアが購買に関係があるのか、ほとんど分析できない状況でしたが、個人単位ではi-SSPで、全体ではこのようなマーケティング分析ツールにより可能になってきています。

12-9. ブランドへの継続的関与の効果測定

　ブランドへの継続的関与、つまり商品・サービス購入後も、続けて商品・サービスを購入し続けたいかを知ることは今まで以上に重要になってきました。そのため、LTV（Life Time Value）、つまり顧客生涯価値のような新たな指標が注目されています。これは、今までの瞬間、瞬間のマーケティングから、顧客に対して、初期認知、ト

ライアル、購入、リピート購入のように、継続的に取引をしてもらうことが重要になってきたからです。それは、ビジネスサイドからすると、永続的なビジネスの実行が重要になってきたことを示しています。

購入者に対して、購入後の態度を聞くためには、インタビュー、グループインタビューのような方法がありますが、これは購入者が多い場合でないと実施できません。インタビュー対象者を集めるコストが高くなるためです。そのため、実際にこのような調査を行う場合には、購入した際、購入者に会員サービスなどへ登録してもらう方法などが一般的です。

12-10. 継続的な効果測定の勧め

さて、ここまでマーケティングの効果検証を、ブランドの認知、ブランドへの興味・関心、ブランドの商品・サービスの購入、ブランドへの継続的関与の四つに分けて説明してきました。実は、これ以外にも多くの効果測定をマーケティング組織では行っています。なぜならば、マーケットの変化、つまり消費者と競合の状況の変化に応じて知りたいことが変わるからです。そのために、マーケターは、マーケティングの効果測定を継続的に行い、様々な知見を蓄えないといけません。

そして、もう一つ重要なのは、マーケティングの効果測定を行った際に取得したデータの整備です。まずは、データを集めることからでも良いので始めたほうが良いでしょう。そして、新しいマーケティング戦略を立てる時には、近い過去のデータから十分な予測を立てて、過去の失敗を繰り返さないようにすることが、基本であり、重要なことです。

マーケティングにおいても、Plan、Do、Check、Actionといった P-D-C-Aのクローズドループを維持することが重要です。

このPDCAを上手に回すためには、マーケティングが失敗したり、うまくいかなかったりした時に、その要因分析を行うためだけではなく、その状況にかかわらず常に行うことです。成功した時には、きちんと成功した理由を明確にします。失敗した時には、その失敗に関連のある事項を整理します。このような地道な活動から、マーケティングの進化は始まります。

ぜひ、継続的にマーケティングの効果測定を行い、そのデータを蓄え、整理していきたいものです。今後は、そのデータを電子化し、高速に検索できるかどうかも、企業のマーケティングの成否の一つになると思われます。

12-11. 過去に事例のない効果測定を考える場合

実は、今までのブランドの認知、ブランドへの興味・関心、ブランドの商品・サービスの購入、ブランドへの継続的関与に関する効果測定は、すでに事例も多くあり、決まった方法があるものです。しかし、時にはまったく異なる効果測定方法を開発しないといけないこともあるでしょう。このような場合の取り組み方について、少しだけ整理しておきます。

まず、マーケティングを実行する側では、新たに効果分析を行わないといけないことを明確にします。これは、マーケティング担当者でないと決められないことなので、丁寧に検討しましょう。

次に、広告代理店やマーケティング・データ提供会社、マーケティ

第12章　マーケティングの効果を検証する

ング調査会社と打ち合わせを行います。ここで重要なのはきちんと専門家を巻き込むことです。様々なデータの取得方法や、すでに取得されているデータもあります。過去の方法にとらわれることなく、きちんと最適な効果測定方法を検討することが重要です。

12-12.　第12章のまとめ

　さて、ここまで「マーケティングの効果検証」について、考えてきました。冒頭に、「マーケティングを実行したならば、効果検証を行なうべき」と断定して、この章を進めてきましたが、最後にこの点について、いくつかの視点で「効果検証を行なうべき」理由を説明したいと思います。その視点とは、「デジタルによって提供されるデータの分析環境の登場」、「市場の変化の速さ」、「市場の多様性」、そして「マーケター自身の成長」という四つの視点です。

　まずは、「デジタルによって提供されるデータ分析環境の登場」から考えましょう。この章でも、マーケティングに関するデータの種類が増えてきたことをご説明しました。ID-POSにしても、シングルソースパネルにしても、コンピュータやネットワークの進化により取得可能になったデータです。

　次に、大量データが高速に分析できるようになったことを理解しないといけません。Big Dataという言葉の登場も、コンピュータの計算能力の向上が背景にあります。今まで、マーケティングのデータの分析は、自分のパソコンのエクセルなどで計算をすることが多かったのですが、これからはクラウドの環境を使った、大量のデータを

278

活用したマーケティング分析は、とても重要なテーマになるのでしょう。マーケティングにもっと科学的なアプローチが必要になってくるのではないでしょうか。一般に、ビジネスではPDCAといわれています。これは、科学の世界でいう「仮説」「実験」「検証」というプロセスです。この検証のプロセスの一つが、まさに「マーケティングの効果検証」です。デジタルによってデータが増えて、以前より分析しやすくなった今、「マーケティングの効果検証」をマーケティング・プロセスとして確実に組み込み、その精度を上げる必要があるのではないでしょうか。つまり、マーケティングを科学するために、「効果検証」は必要なのです。

そして、「市場の変化の速さ」です。これは、日々マーケターが感じていることではないでしょうか。今までは、市場の変化がそれほど速く感じられず、テレビ・コマーシャル投入期間や季節周期ごとに計画・実行していました。それが、今ではその季節ごとの周期でPDCAを行うのでは遅いと感じるのではないでしょうか。この市場の変化の速さが何に由来しているのかは、ここでは考えませんが、確実に変化の度合いが以前より速くなっていることは事実でしょう。この速さに対応するには、マーケティングの「効果検証」も必ず行えるように、マーケティングのスケジュールを組むことが重要なのではないでしょうか。

さらに、「市場の多様性」です。多様性という言葉を聞くと、話題になっている、訪日観光客を中心としたインバウンド・マーケティングを想像されるかもしれません。確かに、これからも日本市場に多くの観光客は影響を与えるでしょう。それとは別に、実は、市場の多様性は日本国民の中でも起きています。たとえば、今までは、就職、結婚、出産などのライフイベントは、ほぼ同じ年齢で経験されてき

ました。今は、どうでしょうか。たとえば25歳という人にも、様々な種類のライフステージの人が存在します。つまり、「同じ年齢ならば、同じライフステージ」という関係は存在していません。また、マーケティング・コミュニケーションで多く活用されるテレビでも、世帯普及100%ではなくなりました。そして、その普及状況も都道府県で大きな差が発生しています。このような市場の多様性はますます進むと思われます。「市場の多様性」がマーケティングにどのような影響をもたらすかを理解するためにも、「マーケティングの効果検証」を行い続け、マーケティング担当者は、最大の理解と最善策を実行しないといけないのではないでしょうか。

　最後に、「マーケター自身の成長」です。これからのマーケターは、マーケティングのスキルを客観的に説明できないといけないでしょう。今までと同様に、売上や利益の向上などといった成果も説明は必要です。今、求められている説明は、マーケター自身が、どのようなマーケティングが得意なのかを客観的に説明することです。みなさんが、グローバルなマーケティングを考えているのと同様に、マーケターの人材市場自身もグローバル化が進んでいます。諸外国のマーケターが自分の実績を客観的に説明できるように、これからは日本のマーケターも、マーケティングの成果について、論理的に、そしてデータを使って説明しないといけなくなってきています。説明できないと、マーケター人材の日本市場で、日本のマーケターが残らないかもしれません。つまり、マーケター自身の価値を高めるためにも、「効果検証」は必要なのです。

　このような理由で、「マーケティングの効果検証」は、絶対に取り組むべきことなのでしょう。そして、「マーケティングの効果検証」から様々なことを学び、考え、創造して、日本のマーケティングが面

白いものになっていくことが、これから日本のマーケティングに求められていることの一つではないでしょうか。

<了>

おわりに

デジタルで新しいマーケティングを創造しよう

　まずは、本書を最後まで読んでいただき、誠にありがとうございます。「デジタル時代の仕事の基本」をテーマにした『デジタルで変わるマーケティング基礎』ですが、基礎編であるにもかかわらず、それぞれの専門家のご尽力で、大変内容の濃い一冊になったと思います。ぜひ、実際のマーケティングの現場で、いつでも見返せるように、そばに置いていただければと思います。

　さて、ここまで「マーケティングの基礎知識」と「デジタル時代に取り組まなければいけないこと」について触れてきましたが、この「おわりに」では、本来マーケターが考えるべき創造的な視点から「デジタル」について考えてみたいと思います。

After Internet と Before Internet

　マーケターの皆さんも、生活の場では、消費者や、製品・サービスの購入者だと思います。After Internet の現在、皆さんの消費シーンは大きく便利になったはずです。書店に足を運ぶことなく、タイトルを検索し、Amazon で本を購入し、その日のうちに自宅に届く。こんな便利なことは、Before Internet の時代には、予想できなかったことではないでしょうか。

　私が、アメリカ・オーランドの Walt Disney World に遊びに行った時は、レストランも、Fast Pass（指定の時間に来ると、いつもより短い待ち時間でアトラクションを楽しめるサービス。実際には、Fast Pass+ というサービス名）も事前にパソコンやモバイルから予約可能でした。このように After Internet の時代では、私たちの生活は格段に便利になりました。

283

おわりに

　私たちマーケターが考えるべきことは、このようなデジタル時代に、デジタルへの対応だけではなく、新しい方法を創造し、「新しいマーケティング」を創ることではないでしょうか。「デジタル時代」は、生活者として便利な時代、マーケターとして辛く・苦しい時代ということでは、きっとないはずです。私たちマーケターにとっても、デジタル時代は便利で、創造的な時代になるのではないでしょうか。

　それではおさらいも兼ねて、マーケティングの基本フレームワークである「４P」に併せて、「製品戦略」「価格戦略」「流通戦略」「広告販促戦略」ごとにマーケターが、このデジタル時代に手にしたものと、その可能性について少し具体的に考えてみましょう。

デジタル時代の製品戦略

　まずは、「製品戦略」です。本書では、リサーチ、環境分析、ターゲット理解、ブランド戦略、そして新製品開発というスキームで説明してきました。この基本は、もちろん重要です。そして、Before Internet時代では、ここに「最低限」の規模というものが存在していました。

　たとえば、製品をある手順で開発して生産しようとする時、最低限の生産ロットに足りないと、製品の生産コストは上昇しました。また、最低限の出荷量がないと、実店舗では商品が陳列されません。さらに、最低限以上の広告販促活動をしないと、お客様に認知されないという状況がありました。このような「最低限」という制約が、Before Internetの時代には存在していたのです。

　ところが、After Internet時代では、製品の生産もクラウド的に行なえるようになりました。つまり、少量でも製品の生産が可能になったのです。そして誰もが、実店舗ではなくInternet空間上にお店をつくり、少ない生産数で販売することができるようになったのです。

Internet空間では、ターゲティング広告を利用すれば、少ない出稿料で広告し、商品を求めているお客様に認知してもらうことが可能です。After Internet時代の「製品戦略」では、売れる個数やニーズが少なくても、マーケティングが行なえるようになっているのです。

　After Internet時代には「大量生産・大量消費型の思考」が相応しくなくなってきている、とも言えます。その原因の一つに、生産ラインの高度IT化が挙げられます。皆さんもご存知の３Dプリンターとは、毎回違うものを生産できる製造機器です。インクジェットプリンターは、オフセット印刷機と異なり、紙一枚ごとに印刷内容を変えられる印刷機器です。このように、After Internet時代では、カスタム生産、パーソナライズ生産ができるのです。

　Before Internet時代は、大量生産が得意だったために、大量生産・大量消費型のマーケティングを行なってきましたが、今は「製品戦略は柔軟に設計できる」という前提から考えたほうが良いのではないでしょうか。たとえば、すべてのお客様ごとに、オーダーが入ってから生産し、24時間以内に、お客様お気に入りの香りをつけて、さらに箱に名前を入れてお届けする「洗剤」。そんな面白い「製品戦略」も可能なのです。いまこそ、デジタル時代の新たな「製品戦略」を創造するときです。

デジタル時代の価格戦略

　「価格戦略」も面白いことが起こり始めています。「価格.com」のような価格比較サイトの登場で、消費者は簡単に買いたい商品の最低販売価格を、ほぼリアルタイムで知ることができるようになりました。このことにより、頭を悩ませているマーケターも多いのかもしれませんが、Internetで価格を提示できることを上手く使っている会社も

存在しています。

　たとえば、ANAやJALのような航空会社は、航空券の販売価格をダイナミックに変更し、路線ごとや便ごとの利益を確実に上げられるようにしています。もちろん、この背景には、多くのお客様がInternetで航空券を購入するようになったということがあります。しかし、それよりも重要なのは、ダイナミックに販売価格を計算するモデルをつくったことにあるのではないでしょうか。

　After Internet時代の特徴の一つに、計算能力の向上が挙げられます。つまり、リアルタイムで市場の需要を把握しながら、販売価格や流通パートナーへの契約価格などをシミュレーションすることができるようになったのです。今までのマーケティングにおいて販売価格は、事前設計を前提にしていましたが、これからは「ある範囲で状況に応じて変動させ続けるという価格戦略」も検討すべき時代なのかもしれません。たとえば「今回の販売価格は、およそ500円です。その日の状況に応じて価格が480円から520円の範囲で決まります」そんな、価格設計もありなのです。デジタル時代の新しい「価格戦略」も創造しないといけないのでしょう。

デジタル時代の流通戦略

　「デジタル時代の流通戦略」というと、多くのマーケターは「ECの話」と思うかもしれません。私の答えは違います。もっと日本国内の多様性と、お客様理解に基づく「流通戦略」を考えるべきだと思います。皆さんは、国内出張に行った時や、帰省する時などに、「人間観察」をされていますか。それぞれの都市や街で、異なる暮らし、つまり異なる消費活動が展開されていて、その多様性はますます増しています。

　たとえば、都道府県別の世帯年収やテレビ普及状況などを、

Internetで検索してみてください。47都道府県という大まかなレベルでも、相当に違うことわかります。今までは、日本全体を考えたマーケティングが主でした。そして、日本全体を一様な市場と考えていました。これからは「どのエリアでマーケティングするのか」も、マーケティング上の大きな議題になるでしょう。そうです、「札幌だけで販売」そんな選択もありなのです。

　ECという選択肢は、日本全体をカバーしており、非常に便利な流通だと思うでしょう。しかし、このECでの購買経験も、都市や街ごとに大きく異なるのです。つまり、ECの普及率も47都道府県で異なるのです。まずは「ターゲットがECを使っているか」という確認が先に必要なのです。デジタル時代の、つまり多様性が増していく時代の新しい「流通戦略」を創造しないといけません。

デジタル時代の広告販促戦略

　「広告販促戦略」については、多くのヒントをすでに得ているのではないでしょうか。テレビ広告ではなく、長尺のYouTubeを使ってメッセージングする例などは、その典型です。ここに関しては、マーケターが多くの他社の事例も見て、触れて考えるしかないでしょう。しかし、明らかにメディア環境や店頭の販促活動にバリエーションが増えました。そして、ここで強調したいのは、デジタル時代だからこそ見直して欲しいアナログメディアのことです。

　実は、アナログメディアの生産プロセスは、デジタル化されています。コカ・コーラが、オリンピックのタイミングで、様々なメッセージを印刷したパッケージで販売していましたが、これはまさに「印刷のプロセスがデジタルになり、多品種の印刷が行なえる」からできたことです。パーソナライズ、エリア別など、セグメンテーションの話をすると、デジタルでのターゲティングを考えがちですが、ア

おわりに

ナログメディアでもターゲティングは可能になっているのです。

アナログのメディアには手触りがあります。デジタル以上に驚きも起こせるかもしれません。クレジット・カードの明細が完全に一人ずつ異なった内容であるのと同じように、郵送のDMを完全にパーソナライズする事例も多くなってきました。デジタルの技術を使って、アナログメディアを再活用することは、非常に面白く、クリエィティブなことではないでしょうか。デジタル時代の、デジタルメディアだけでなく、すべての顧客接点を考慮した新しい「広告販促戦略」を創造する時なのです。

高速で変化するマーケティング・プロセス

このように、デジタル時代に、マーケターが想像し、創造すべきことを考えてみました。「デジタルによって、やらなければならないこと、勉強しないといけないことが増えて大変」という声を多くのマーケティング関係者から聞きます。確かにそうなのかもしれませんが、「以前よりできることが増えた」からとも言えます。以前より、創造できることが増えたのです。

デジタル時代にマーケターが考えて取り組むべきことに、「科学的なマーケティング」というテーマもあるでしょう。本書においても、多くの執筆者が、論理的に、必要なマーケティングの要素を解説しています。その解説の中に「リサーチ」や「データ」という言葉が多く出てきたと思います。今までのマーケティングは、市場の変化も時間的にみればあまり速くなく、考えるべき市場のエリアもあまり広くなかったために、マーケターがデータを見なくても、直接的な観察で、マーケティングが行えていました。しかし、現在はデジタルの登場もあり、市場の変化は速くなっています。それにあわせて、競合の対応も速く、マーケターもそれにあわせて、速く反応しなくてはなり

288

ません。

　このように高速で変化するマーケティング・プロセスに対応するには、どれくらいの周期で、どの精度のデータを見て、どうマーケティングの戦略を考えるのかを事前に決めて、データの取得方法を設計しておかなければいけません。自転車にはスピード・メーターはついていませんが、車にはスピード・メーターがついています。これは、自動車のほうが自転車よりも高速で、自動車のほうが自転車よりも精度の高い運転を求められているからでしょう。以前の、特に日本の高度成長期のマーケティングは、自転車の運転だったのかもしれません。しかし、現代のマーケティングは、自動車の運転精度を求められており、ますますその速度は増していくのでしょう。

　デジタル時代のマーケターはこのように、今まで以上に、科学的なマーケティングを行なう必要があります。確かに最初は大変です。科学的なマーケティングを行うという社内文化をつくらないといけません。データ分析ができるメンバーも育成しないといけません。しかし、それは新しい挑戦です。今まで行われてきたマーケティング戦略を見直せるタイミングでもあるのです。データを使った市場の理解。大胆な仮説づくり。今までに無かったマーケティング戦略を創造できる可能性があります。

デジタルも活用するマーケティング

　最後にもう一度、「デジタルによって、私たちの生活は便利になりました」。そして「デジタルによって、マーケティングもきっと便利なものになれるのです」。そのためには、どうしたら良いのでしょうか。まずは、「マーケティングの基礎」をきちんと理解すること。デジタル・マーケティングではなく「マーケティング」です。そして、「デジタルの理解」を深めること。次に、Before Internet時代の常識から

おわりに

離れて考えてみることです。

　『デジタルで変わる マーケティング基礎』では、従来のマーケティングの基礎に加え、デジタル時代に行えること、考えるべきことを広く網羅しています。次は、読者の皆さんが、どう活用するかです。マーケティングには、ターゲットと競合がいます。常に変化があります。「デジタルという武器」を理解するとともに、マーケティングの基本的な相手、ターゲット、競合の変化も理解しながら、進めなければいけません。デジタルを「ターゲットや競合の変化の理解」、「自身のマーケティング創造性を高めるため」に活用しましょう。デジタルに振りまわされるのではありません。デジタルというのは、あくまで道具なのです。

　本書のタイトルも『デジタルで変わる マーケティング基礎』となっています。『デジタル・マーケティング基礎』というタイトルではありません。それはなぜでしょうか。

　たとえば、書店のカメラに関する書棚では、「デジタル一眼カメラ」と書いてある書籍があります。しかし、今の小学生や中学生に「デジタル・カメラ」という言葉は、逆に通じません。小学生や中学生は「アナログ」、つまりフィルム式のカメラ自体を知らないので、私たちが「デジタル・カメラ」と呼ぶものは、彼らにとっては単なる「カメラ」に過ぎないのです。

　時々、マーケターから「デジタル・マーケティングは難しい」という声を聞きます。しかし、この言葉も10年経つと「マーケティングは難しい」という意味に変わるのです。「デジタル・マーケター」という言葉も、単に「マーケター」という言葉に変わるのです。

　今、私たちが理解・勉強・研究しないといけないのは「デジタル・マーケティング」ではなく「マーケティング」です。つまり、狭義の「デ

ジタル」を使った「マーケティング」だけでなく、広義の「マーケティング」です。その広義の「マーケティング」の中で、「デジタルをどう道具として活用するか」という本質を忘れてはいけません。

　これからも消費者は、お店でもECサイトからでも、どちらからも商品を買うでしょう。テレビからも、Webサイトからも情報を取得するでしょう。つまり、デジタルも利用しながら消費活動をしていくのです。私たちマーケターは、デジタルも活用しながらマーケティングをする。このことが重要なのです。

<了>

執筆：アビームコンサルティング

デジタルトランスフォーメーションビジネスユニット

デジタルマーケティングセクター ディレクター

本間充

［引用・参考文献］

はじめに

『宣伝会議』2016年1月号、宣伝会議

第1章　マーケティングとはなにか？

『コトラーのマーケティング・コンセプト』フィリップ・コトラー著　東洋経済新報社

『コトラーのマーケティング3.0　ソーシャル・メディア時代の新法則』フィリップ・コトラー著
朝日新聞出版

『戦略的ブランド・マネジメント』ケビン・レーン・ケラー著　東急エージェンシー

『経済学入門シリーズ　マーケティング』恩蔵直人著　日本経済新聞社

『CSV時代のイノベーション戦略』藤井剛著　ファーストプレス

第2章　マーケティングの企画と実行の全体プロセスを知る

『コトラーのマーケティング・マネジメント』フィリップ・コトラー著、ピアソン・エデュケーション出版

『エフェクチュエーション』サラス・サラスバシー著、碩学舎

『マーケティング戦略は、なぜ実行でつまずくのか』鈴木隆著、碩学舎

第3章　マーケティング・ミックスとはなにか？

『ゼミナール　マーケティング入門』石井淳蔵・嶋口充輝・栗木契・余田拓郎著、日本経済新聞出版社

『マーケティング・コンセプトを問い直す』栗木契著、有斐閣

『日本企業のマーケティング力』山下裕子・福冨言・福地宏之・上原渉・佐々木将人著、有斐閣

第4章　マーケティング・リサーチ

『コトラー＆ケラーのマーケティング・マネジメント　第12版』フィリップ・コトラー、ケビン・レーン・ケラー著、ピアソン・エデュケーション

『アド・スタディーズ　vol. 47　Winter　2014』より
「リサーチの思想」をとりもどす　今「マーケティング　リサーチャー」に求められる心得
東浦和宏著、公益財団法人吉田秀雄記念事業財団

JMRA　セミナー『マーケティングとマーケティング・リサーチセミナー（商品開発、ブランディング）』2012年10月16日、　講師：三木康夫氏

第5章　環境分析とターゲットの選定

JMRA　セミナー『マーケティングとマーケティング・リサーチセミナー（ーマーケティングの理論・

フレームワークとMRを関係づける－)』(2012年6月14日)、講師：三木康夫氏

『新訂　競争の戦略』M.E.ポーター著　訳者：土岐坤他、ダイヤモンド社

第6章　ターゲットを深く理解する

『最新　戦略PR　入門編 (デジタル版)』本田哲也著、KADOKAWA / アスキー・メディアワークス

『図解やさしくわかるインサイトマーケティング』大松孝弘、宇佐美清、波田浩之著、日本能率協会マネジメントセンター

第7章　ブランド戦略

Aaker, David A. (1995) Building Strong Brands, Free Press. (陶山計介・梅本春夫・小林哲・石垣智徳訳[1997]『ブランド優位の戦略－顧客を創造するBIの開発と実践』ダイヤモンド社)

Keller, Kevin Lane (2007) Strategic Brand Management (3rd Edition), Prentice Hall. (恩藏直人監訳[2010]『戦略的ブランド・マネジメント第3版』東急エージェンシー)

Prahalad, C.K. and Venkat Ramaswamy (2004) The Future of Competition: Co-Creating Unique Value With Customers, Harvard Business School Pr. (有賀裕子訳[2004]『価値共創の未来へ―顧客と企業のCo‐Creation』武田ランダムハウスジャパン)

Trout, Jack and Steve Rivkin (2009) Repositioning: Marketing in an Era of Competition, Change and Crisis, McGraw-Hill Education. (宮脇貴栄[2010]『リ・ポジショニング戦略』翔泳社)

第8章　新製品開発

Kelly, Tom and David Kelly (2013) Creative Confidence: Unleashing the Creative Potential Within Us All, Crown Business. (千葉敏生訳[2014]『クリエイティブ・マインドセット 想像力・好奇心・勇気が目覚める驚異の思考法』日経BP社)

Kotler, Philip and Gary Armstrong (1997) Marketing an Introduction 4 th Edition, (Pearson Education). (恩藏直人監修・月谷真紀訳[2014]『コトラーのマーケティング入門第4版』丸善出版)

Michalko, Michael (2006) Thinkertoys Second Edition, Ten Speed Press. (齊藤勇監訳、小沢奈美恵・塩谷幸子訳[2012]『アイデア・バイブル』ダイヤモンド社)

ティム・ブラウン (2008)「IDEO：デザイン・シンキング」『ダイヤモンドハーバードビジネスレビュー』ダイヤモンド社、2008年12月号、(57-68頁)

白根英昭 (2010)「エスノグラフィック・マーケティング」『ダイヤモンドハーバードビジネスレビュー』ダイヤモンド社、2010年10月号、(42-57頁)

『日経情報ストラテジー』2011年8月号、(48-49頁)

引用・参考文献

『Wedge』2014年8月号、（45-48頁）
『週刊東洋経済』2013年1月12日号、（45-43頁）

第9章　価格戦略とチャネル戦略

『コトラーのマーケティング・マネジメント』フィリップ・コトラー著、ピアソン・エデュケーション

『この1冊ですべてわかるマーケティングの基本』安原智樹著、日本実業出版社

『新版MBAマーケティング』グロービス・マネジメント・インスティテュート編著、ダイヤモンド社

第10章　コミュニケーション戦略

『コトラーのマーケティング・マネジメント』フィリップ・コトラー著、ピアソン・エデュケーション出版

『コトラーマーケティングマネジメント［第7版］　持続的成長の開発と戦略展開』フィリップ・コトラー著、プレジデント社

『新版MBAマーケティング』グロービス・マネジメント・インスティテュート編著、ダイヤモンド社

第11章　ショッパー・マーケティング

『ショッパー・マーケティング』財団法人流通経済研究所著、日本経済新聞出版社

『Shopper Marketing 5.0: Creating value with shopper solutions』Grocery Manufactuers Association
http://www.gmaonline.org/file-manager/Collaborating_with_Retailers/GMA_Shopper_Marketing_5.0.pdf

『Retail Shoppability: A measure of a world's best stores』Dr. Raymond R. Burke著
　http://kelley.iu.edu/CERR/files/shoppability.pdf

［執筆者一覧］

はじめに・第1章

野口恭平（のぐち・きょうへい）

事業構想大学院大学 教授

LIXIL 執行役員兼LIXIL ジャパンカンパニー セールス＆マーケティング本部 マーケティングコミュニケーション統括部長。日産自動車 宣伝部長、グローバルマーケティング部長として日本、北米、欧州、一般海外地域のマーケティングコミュニケーション戦略統括。その後、グローバルブランドコミュニケーション＆CSR部長、などを歴任。LIXIL 執行役員グローバルマーケット戦略統括部長を経て現職。Global Future Marketing Award アジアパシフィック地区審査員（2005年）、単著「もう一つのプレゼン・選ぶ側の論理」（インプレスジャパン）、共著「広告に携わる人の総合講座」（日経広告研究所出版）、早稲田大学（国際教養学部）、淑徳大学（総合社会学部）でも教鞭をとる。

第2章・第3章

栗木契（くりき・けい）

神戸大学大学院経営学研究科 教授

神戸大学大学院経営学研究科博士課程修了後、岡山大学経済学部講師、助教授、神戸大学大学院経営学研究科助教授を経て2012年より現職。博士（商学）。専攻はマーケティング戦略。『日本経済新聞』『プレジデント』などの各紙誌で連載を担当。著書・共著書に『明日は、ビジョンで拓かれる』（碩学舎）、『ゼミナール マーケティング入門』（日本経済新聞出版社）、『マーケティング・コンセプトを問い直す』（有斐閣）、『マーケティング・リフレーミング』（有斐閣）などがある。

第4章・第5章・第6章

東浦和宏（ひがしうら・かずひろ）

**ニールセン・カンパニー合同会社
事業開発部 ディレクター**

1994年P&G 市場調査部に入社。消費者理解、市場分析を通じて様々なマーケティング戦略立案に従事。その領域は、化粧品、ヘアケアなどのカテゴリーのみならず、メディア、ショッパーなど多領域に渡る。2010年、ユニリーバに入社。ヘアケアの消費者・市場理解、長期的なビジネス戦略のための分析などを担当。2012年これまでの経験を日本企業へ活かすため、電通マーケティングインサイト（現 電通マクロミルインサイト）にシニア・アドバイザーとして入社。2015年より現職。

第7章・第8章

山岡隆志（やまおか・たかし）

名古屋商科大学商学部 教授

実業において、大手企業の事業開発室長、関連企業の取締役兼CMOを歴任、全社的な事業開発とマーケティング戦略、デジタル・マーケティングを推進してきた経験をもつ。著書に『顧客の信頼をかちとる18の法則 -アドボカシー・マーケティング - 』日本経済新聞出版社、訳書に『アドボカシー・マーケティング』英治出版など。大阪大学工学部卒、マサチューセッツ工科大学経営大学院修士課程修了。名古屋商科大学商学部教授、名古屋商科大学大学院マネジメント研究科教授。主な所属学会は、日本商業学会、日本消費者行動研究学会、日本広告学会。専攻はマーケティング論。

第9章・第10章・第11章

立川麻理（たちかわ・まり）

**アマゾン ジャパン合同会社
シニアプロダクトマネージャー**

2015年にアマゾン ジャパン合同会社入社。日本独自のプロダクト・マネージメントを担当。ライフステージに応じたクロスカテゴリーでのプロジェクトを企画立案、実施する。2016年4月にはアクティブシニアに向けたストアを立ち上げる。これまで外資系メーカー及び日系小売企業で、様々なブランドの商品開発、広告、プロモーションを担当する。

第12章・おわりに

本間充（ほんま・みつる）

**アビームコンサルティング
デジタルトランスフォーメーションビジネスユニット
デジタルマーケティングセクター ディレクター**

1992年大手消費財メーカーに入社。1996年に社外向けWebサーバーを自ら立ち上げ、デジタル・マーケティングを、ad tech、コンテンツの両面から、グローバルに取り組む。2015年10月に、アビームコンサルティング株式会社に入社。ディレクターとして、多くの事業会社のマーケティングとマーケティングのデジタル化を支援している。
他にも、ビジネスブレークスルー大学でのマーケティングの講師、内閣府政府広報アドバイザーなども勤める。さらに、東京大学大学院数理科学研究科客員教授（数学）、文部科学省数学イノベーション委員など、科学の発展にも貢献している。

✳ 宣伝会議 の書籍

【実践と応用シリーズ】
CMを科学する
「視聴質」で知るCMの本当の効果とデジタルの組み合わせ方

横山隆治 著

■本体1500円＋税　ISBN 978-4-88335-364-4

本書では、あいまいだったテレビCMの効果効能を科学的に分析し、真のデジタルマーケティングに必要なデータと共に動画コンテンツのありかた、将来的なテレビCMのあり方について論じる、マーケティング関係者必読の書。

【実践と応用シリーズ】
生活者視点で変わる小売業の未来
希望が買う気を呼び起こす 商圏マネジメントの重要性

上田隆穂 著

■本体1500円＋税　ISBN 978-4-88335-367-5

ネット販売や新しい決済方法、商品の受け取り方、オムニチャネルなど様々な革新が至るところで起きている。そんな流通小売業の大きな変化を「生活者の視点」で見直すとどうなるのか。小売りの実証実験の結果をもとに新しい小売業のあり方をまとめた書籍。

【実践と応用シリーズ】
拡張するテレビ
広告と動画とコンテンツビジネスの未来

境治 著

■本体1500円＋税　ISBN 978-4-88335-366-8

フジテレビの凋落やCM不振など、ネガティブな話題ばかりがとりあげられがちなテレビの周辺ビジネスの状況をイチから整理し、根本から考え直した末に見えてきた、新しい時代の広告、動画、コンテンツビジネスのあり方を提示する書籍。

【実践と応用シリーズ】
サステイナブル・カンパニー
「ずーっと」栄える会社の事業構想

水尾順一 著

■本体1500円＋税　ISBN 978-4-88335-368-2

サステイナビリティの考え方は、企業が本当に社会の役に立つ存在になるための「事業構想」を考える上でも大きなヒントになる。大手企業が不祥事を起こしている今、世の中に信頼されるビジネスをどう生み出すのかをまとめた書籍。

詳しい内容についてはホームページをご覧ください　www.sendenkaigi.com

宣伝会議 の書籍

伝わっているか？

小西利行 著

伝えるのと、伝わるのはまったく違う。サントリー伊右衛門などのCMを手がけるコピーライターの小西利行氏が20年間温めてきた秘蔵の「伝わる」メソッドを短編ストーリー形式で公開！

■**本体1400円＋税** ISBN 978-4-88335-304-0

ここらで広告コピーの本当の話をします。

小霜和也 著

コピーライティングというビジネスの根底を理解すると、効果的なコピーが書けるようになる。広告とコピーに関わるすべての人に役立つ、いままでにないコピーライティングのビジネス書。

■**本体1700円＋税** ISBN 978-4-88335-316-3

広告コピーってこう書くんだ！読本

谷山雅計 著

新潮文庫「Yonda？」、「日テレ営業中」などの名コピーを生み出した、コピーライター・谷山雅計。20年以上実践してきた"発想体質"になるための31のトレーニング方法を紹介。宣伝会議のロングセラー。

■**本体1800円＋税** ISBN 978-4-88335-179-4

広告コピーってこう書くんだ！相談室（袋とじつき）

谷山雅計 著

"コピー脳"を育てる21のアドバイスのほか、キャンペーンコピーの書き方を体系化して解説。アイディアや発想に悩んだとき、コピーの壁にぶつかったときに、進むべき道を教えてくれる1冊。

■**本体1800円＋税** ISBN 978-4-88335-339-2

詳しい内容についてはホームページをご覧ください　www.sendenkaigi.com

宣伝会議 の書籍

手書きの戦略論
「人を動かす」7つのコミュニケーション戦略

磯部光毅 著

■本体1850円＋税　ISBN 978-4-88335-354-5

本書は、コミュニケーション戦略を「人を動かす心理工学」と捉え、併存する様々な戦略・手法を7つに整理し、それぞれの歴史的変遷や、プランニングの方法を解説。各論の専門書を読む前に、体系的にマーケティング・コミュニケーションについて学ぶための二冊。

すべての仕事はクリエイティブディレクションである。

古川裕也 著

■本体1800円＋税　ISBN 978-4-88335-338-5

日本を代表するクリエイティブディレクターであり、電通クリエイティブのトップである古川裕也氏、初の書籍。広告界だけの技能と思われている「クリエイティブで解決する」という職能をわかりやすく、すべての仕事に応用できる技術としてまとめた本。

日本の企画者たち
～広告、メディア、コンテンツビジネスの礎を築いた人々～

岡田芳郎 著

■本体2000円＋税　ISBN 978-4-88335-356-9

過去の偉人たちは混迷の時代をどのような企画で乗り切ったのか。昔に活躍したクリエイター、企業家、ジャーナリストなどの企画術を人物伝形式の読み物として学ぶ。ひとを動かす企画術の温故知新です。

実際に提案された秘蔵の企画書
販促会議 SPECIAL EDITION

販促会議編集部 編

■本体1834円＋税　ISBN 978-4-88335-362-0

周囲を巻き込み、アイデアを実現させるには。何から書けばいいの？お悩み解決！企画書づくりの方程式。激戦を勝ち抜いたベスト販促アイデアに学べ。これがプロの企画書だ！　ほか多数のテーマを収録。

詳しい内容についてはホームページをご覧ください　www.sendenkaigi.com

宣伝会議 の書籍

広告0円
スマホを電話だと思う人は読まないでください

吉良俊彦 著

■本体1800円＋税　ISBN 978-4-88335-363-7

これまでの4媒体（TV、新聞、雑誌、ラジオ）とデジタルの親和性やこれからのメディアミックスの方向性を考察し、「広告0円」と提唱する真意、広告における新たなメディアの在り方、これからの可能性を探る。

ザ・カスタマージャーニー
「選ばれるブランド」になるマーケティングの新技法を大解説

加藤希尊 著

■本体1600円＋税　ISBN 978-4-88335-342-2

日本のトップマーケター同士が集える場として設立した「JAPAN CMO CLUB」の活動を通じて見えてきた、顧客起点のマーケティングの実践論・方法論を解説。30ブランドのマーケターが考える、カスタマージャーニーも収録。

カスタマーセントリック思考
―真の課題発見が市場をつくる―

藤田康人 著

■本体1600円＋税　ISBN 978-4-88335-365-1

消費者の心の奥にある、彼ら自身も気づいていない本音をつかむこと。そして、企業内にカスタマー・セントリック（顧客中心主義）の考え方を根付かせること。意思決定の基準を「顧客」に置き、イノベーションを起こすためのメソッドをまとめた本。

生活者ニーズから発想する
健康・美容ビジネス
「マーケティングの基本」

西根英一 著

■本体1700円＋税　ISBN 978-4-88335-330-9

シニアマーケットが拡大していく中、世の中の健康・医療・美容に対するニーズをどう自社の商品、サービスにつなげていくのか、という健康・美容ビジネスを成功に導くための知識と情報が詰まった本！

詳しい内容についてはホームページをご覧ください　www.sendenkaigi.com

宣伝会議 の書籍

日本の広告会社 2015-2016
宣伝会議 編

■本体10000円＋税　ISBN 978-4-88335-337-8

創刊から35年の歴史を持つ、広告ビジネスに役立つ年鑑。常に変化を続ける広告業界の最新企業情報を2237社分掲載。宣伝部、広報部、販売促進部の必携書。

デジタルマーケティング年鑑2016
宣伝会議 編

■本体10000円＋税　ISBN 978-4-88335-349-1

2016年の注目キーワードを各分野の第一人者が徹底解説。成功のヒントがみつかる事例101連発、パートナーがみつかる企業情報1188社など、圧倒的な情報量で実務に役立つ年鑑。

広告制作料金基準表（アド・メニュー）15—16
宣伝会議 編

■本体15000円＋税　ISBN 978-4-88335-319-4

広告制作の最新料金基準を公開。「プロジェクションマッピング」「進化型アドバルーン」「パノラマ動画」「着ぐるみ」など、ユニークな広告の制作料金表も追加。広告制作の最新料金が一目でわかる。

広告法務Q&A
150の声をもとに解説した広告規制の基礎
日本広告審査機構（JARO）著

■本体3000円＋税　ISBN 978-4-88335-317-0

広告・表示の信頼性を向上させるための活動を続けるJAROに寄せられた相談の中から、汎用性の高いものを150件例示。広告規制の基礎をつかめる一冊。

詳しい内容についてはホームページをご覧ください　www.sendenkaigi.com

【宣伝会議マーケティング選書】

デジタルで変わる

マーケティング基礎

発行日	2016年10月1日　初版

編　者	宣伝会議編集部
監　修	野口恭平
発行者	東　英弥
発行所	株式会社宣伝会議
	〒107-8550　東京都港区南青山3-11-13
	tel.03-3475-3010（代表）
	http://www.sendenkaigi.com/
印刷・製本	平河工業社
装丁デザイン	SOUP DESIGN

ISBN 978-4-88335-373-6　C2063
© 2016 KyoheiNoguchi, KeiKuriki, KazuhiroHigashiura,
TakashiYamaoka, MariTachikawa, MitsuruHonma
Printed in Japan

無断転載禁止。乱丁・落丁本はお取り替えいたします。